叢書
現代の社会学とメディア研究
第6巻

メディアプロデュースの世界

中橋 雄・松本 恭幸 編著

北樹出版

叢書・現代の社会学とメディア研究　刊行にあたって

　20世紀を通じて社会学は、めまぐるしい社会の変容に対応しながら次々に新しい領域を開拓し、時代の最先端を担う知の体系として発展してきた。それはたとえば、ジェンダー、エスニシティ、階級・社会階層、文化、身体・心性など、他の研究領域では扱いえない、または本質に迫りえない問題の数々を正面から扱う研究領域として、ますます大きな役割を果たすものとなっている。

　そして21世紀の今日、情報技術の高度化に伴うメディアの多様な発展と、これによって引き起こされた社会の変容が、社会学の重要な研究対象として立ち現れ、既存の社会学の体系は見直しを迫られている。これまでの研究のさらなる発展・進化とともに、メディア研究を社会学のなかに正当に位置づけることが求められているのである。

　すでに日本のいくつかの大学でも、従来からある社会学系学部にメディア研究を目指す学科を設置するなどして、こうした新しい社会学研究とその成果を生かした社会学教育が始められている。この叢書が目指すのは、これまでの社会学の蓄積に新しいメディア研究を接合し、体系化して広く世に知らせることである。

　もとより、完成された体系を提示しようとするあまり、社会の最新動向や新しい研究の試みを切り捨てることは望まない。むしろこれらを進んで取り上げ、鋭く問題提起していきたい。そして最先端でありながらも、入門者や市民に開かれたものでありたい。本叢書が、社会学とメディア研究の一層の発展に寄与するとともに、広く人々の関心に応えるものとなることを期待している。

　　　　　　　　　　　　　叢書・現代の社会学とメディア研究　編集委員会

　　　　　　は　じ　め　に

　人間は、他者がプロデュースしたなんらかのメディアに、情報の受け手として、あるいはユーザーとして触れる存在である。メディアは、人間の意識と行動に影響を与える。私たちは、それを自覚した上で望ましいメディアのあり方を考え、行動していくことを迫られている。
　また、人間は、送り手として、あるいは「場」を生み出す者としてメディアをプロデュースする存在でもある。私たちには、現代社会のしくみを把握し、メディアの多様化がもたらす問題にも目を向けながら、有意義な情報を表現・発信したり、「場」をデザインしたりすることも求められている。
　本書の目的は、このような「メディアプロデュース」という人間の社会的な営みに関わる事象について理解を深めるための、基礎的な視座を与えることである。それは、社会事象を科学的に解明しようとする社会学を学ぶ人はもちろん、社会的な営みを行うすべての人間に求められる素養ともいえる。
　本書の前半（1〜5章）では、総論として、メディアプロデュースを取り巻く学術的な基礎となる枠組みを提示する。具体的には、メディアプロデュースの社会的な意味と役割、影響力について、「メディアリテラシー論」、「映像論」、「デジタル社会論」、「広告論」、「ネットコミュニティ論」の研究者が、理論と実践の両面から迫る。
　一方、本書の後半（6〜11章）では、各論として、「ドキュメンタリー」、「CM」、「音楽」、「出版物」、「ルポルタージュ」、「アニメーション」の制作現場で活躍してきたプロフェッショナルの目線からメディアプロデュースの世界を提示する。どんな思いをもって制作に携わってきたのか、当事者でなければ見えない、感じえない事象が、メディアプロデュースを研究する上で不可欠な視座を与えてくれるだろう。

　　　　　　　　　　　　　　　　　　　　　　　　　　編　　者

目　次

総論　メディアプロデュースの理論と実践

第1章　メディアプロデュースのためのメディアリテラシー【中橋　雄】…2

　0. はじめに　*2*
　1. メディアリテラシー研究への招待　*2*
　　1-1：メディアのとらえ方 (*2*)　1-2：メディアのもつ影響力 (*3*)　1-3：メディアリテラシーの必要性 (*5*)
　2. メディアリテラシーとメディアプロデュースの関係　*7*
　　2-1：メディアプロデュースのとらえ方 (*7*)　2-2：求められるメディアリテラシー (*8*)　2-3：メディアリテラシーの構成要素 (*10*)
　3. メディアプロデュースから何を学ぶのか　*11*
　　3-1：メディアプロデュースの活動 (*11*)　3-2：記事にしたいことが先にあるインタビュー (*12*)　3-3：ありのままを伝えるものではないドキュメンタリー (*13*)　3-4：どう表現することが「事実」なのか (*14*)
　4. メディアを学ぶために　*15*
　　4-1：体系的なメディアプロデュース教育を (*15*)　4-2：なぜメディアを学ぶのか？ (*16*)

第2章　映像とメディア表現【永田浩三】……………………… *18*

　0. はじめに　*18*
　1. 人間を記録する瞬間と時間　*19*
　2. 動画で何が可能になるか　*20*
　3. 継続して追いかけること　*21*
　4. 小川紳介作品から見えるもの　*22*
　5. フラハティとその後継者たち　*23*
　6. 自分で自分を撮ること　*25*

7．自分の内面に迫る　*26*

　　8．原点としてのインタビュー　*26*

　　9．取材者とは何者なのか　*28*

　　10．「まだ使える過去」としての映像　*29*

　　11．現代における秘境とは　*30*

　　12．あらためて映像のもつ力とは　*32*

第3章　デジタル社会のメディアプロデュースの可能性【松本恭幸】…… *34*

　　0．はじめに　*34*

　　1．学生による被災地支援の市民メディア活動　*35*

　　　1-1：最初は臨時災害放送局へのラジオ送付から（35）　1-2：大学コミュニティを対象にしたメディアの活用（36）　1-3：被災地での取材を通して（37）　1-4：その後の取材対象やメディアの露出の変化（38）

　　2．大学における学生の市民メディア活動の位置づけ　*40*

　　　2-1：背景となるデジタルメディア環境の拡大（40）　2-2：従来の大学教育が抱えていた課題の克服（41）

　　3．震災と原発事故をきっかけにした市民メディアの広がり　*43*

　　　3-1：存在感を増したソーシャルメディア（43）　3-2：被災地で活躍した旧来型メディア（44）

　　4．あらためてデジタル社会のメディアプロデュースとは　*45*

第4章　広告とメディアプロデュース【江上節子】………………… *47*

　　0．はじめに　*47*

　　1．広告とは何か　*47*

　　2．広告とプロデュース　*48*

　　3．広告表現を読み解く　*50*

　　4．消費社会における広告と記号　*51*

　　5．広告コミュニケーションと神話　*53*

第5章　ネットコミュニティのプロデュース【粉川一郎】…………… *59*

0. はじめに　*59*

1. ネットコミュニティとは何か　*60*

   1-1：ネットコミュニティ概念の形成過程（60）　1-2：ネットコミュニティ概念の袋小路と本来もつ多様性（62）

2. 古典的ネットコミュニティの運営方法　*64*

   2-1：藤沢市市民電子会議室の運営体制（64）　2-2：古典的ネットコミュニティ運営の課題（67）

3. ネットコミュニティ概念の多様化　*68*

   3-1：電子掲示板コミュニケーションのもつコミュニティ性（68）　3-2：コミュニティから、タイムライン、クラスタへ（70）

4. コミュニケーションデザインの重要性　*72*

各論　メディアプロデュースの現場から

第6章　ドキュメンタリーの現場【永田浩三】　*76*

0. はじめに　*76*
1. こんなドキュメンタリーもある　*77*
2. 定点にとどまる覚悟　*78*
3. ドキュメンタリーはあまのじゃくかもしれない　*80*
4. 知りたいことに迫る科学　*81*
5. 水俣病を取り上げたドキュメンタリー　*82*
6. 再びドキュメンタリーとは何か　*84*

第7章　CMをつくる【今村直樹】　*86*

0. はじめに　*86*

1. CMを企画する　*87*

   1-1：二つの設計図（87）　1-2：企画において大切な二つのこと（87）

2. CMを制作する　*89*

   2-1：CM制作の特殊性と専門性（89）　2-2：省略のないプロセス（91）

3．CM 制作の現状と問題　*92*

　　　3-1：CM が直面する現実〈*92*〉　3-2：CM が抱える問題〈*93*〉

　　4．CM の未来　*94*

第 8 章　音楽を作る仕事【髙島康太】…………………………… *96*

　　0．はじめに　*96*

　　1．デジタル技術と音楽制作　*97*

　　　1-1：シンセサイザーの進化と楽器演奏の必要性〈*97*〉

　　　1-2：Pro tools（プロツールス）の登場〈*100*〉

　　2．メディアのなかの音楽：合わせる、ということ　*101*

　　　2-1：画像（え）と合わせる、尺を合わせる〈*102*〉　2-2：キーを合わせる〈*103*〉　2-3：動きに合わせる〈*103*〉　2-4：予算に合わせる〈*104*〉

第 9 章　出版物をつくる【梶原治樹】…………………………… *107*

　　0．はじめに　*107*

　　1．出版産業を取り巻く現状　*107*

　　　1-1：出版市場の縮小〈*107*〉　1-2：出版の多様化〈*108*〉

　　2．出版プロデュースに必要な視点　*110*

　　　2-1：出版ビジネスモデルをどう組み立てるのか〈*111*〉

　　　2-2：出版プロデュースに今後必要な視点〈*113*〉

　　3．電子出版時代をどうとらえるか　*117*

第 10 章　ルポルタージュの力【土井敏邦】………………………… *120*

　　0．はじめに　*120*

　　1．ルポルタージュの"力"　*120*

　　　1-1：『戦場の村』（本多勝一著）との出会い〈*120*〉

　　2．『占領と民衆──パレスチナ』（1988）　*122*

　　3．『アメリカのユダヤ人』（1991）と『アメリカのパレスチナ人』（1990）　*124*

　　4．『沈黙を破る』（2008）　*126*

　　5．"伝える"という仕事　*127*

第 11 章　アニメーションをつくる【有原誠治】 ……………………………… 129
　　0. は じ め に　*129*
　　1. 企画をつくる　*129*
　　　1-1:『鬼がら』との出会い（*129*）　1-2：この指とまれ（*131*）
　　2. 制作における取材の役割　*132*
　　3. シナリオについて　*134*
　　4. 絵コンテを描く　*135*
　　5. キャラクター設計と美術デザイン　*136*
　　6. 上映と鑑賞　*137*

総論

メディアプロデュースの理論と実践

1 メディアプロデュースのための
メディアリテラシー

⓪ はじめに

　メディアプロデュースという行為が人々に与える影響力は、計り知れないほど大きい。たとえば、テレビで健康によいと紹介された製品が、その翌日、店で売り切れるほど売れたという出来事がある。あるいは、動画投稿サイトに公開した歌が話題となり、芸能界デビューを果たした人がいる。また、ミニブログに「飲酒運転をした」と冗談で書き込んで、不特定多数の人からバッシングを受けた人がいる。さらに、言論統制された独裁国家においてSNSで仲間を募り、革命を起こした人がいる。こうした、人生を左右するような出来事の裏側には、メディアプロデュースという行為があった[1]。

　この章では、このようなメディアプロデュースという社会的行為の前提として、メディアリテラシーという能力が求められるということを説明する。そして、メディアをプロデュースする実習を通じてメディアを学ぶ意義について、事例に基づいて考えていく。

① メディアリテラシー研究への招待

1-1：メディアのとらえ方

　「メディア」という言葉は、文脈に応じて指し示すものが異なる多義的なものである。そのため、まず、本章においてメディアをどうとらえるかということを定義する。メディアとは、送り手と受け手とのあいだに入って作用し、情報を伝える媒体・媒介のことである。社会は、人と人との「かかわり」によって生まれるが、その「かかわり」を媒介しているのは、メディアである。ではこの

「かかわり」を媒介している「あいだに入る」ものは、どのようなものを指すのか。

たとえば、「テレビ」というメディアについて考えてみよう。「テレビ」と聞くと多くの人が「受像機」をイメージするのではないだろうか。しかし、受像機だけでは送り手と受け手のあいだで情報を媒介することはないため、メディアとしては機能しない。もちろん、受像機やビデオカメラなどのハードウェアも、情報を媒介するメディアの一部に含まれる。しかし、それだけでなく、これらの機器を用いて視聴する番組の内容（コンテンツ）もメディアに含まれる。また、音声や映像は、アナウンサー、記者、カメラマンなどによって伝えられているので、そうした役割をもつ「人」もメディアに含まれる。さらに、電波やケーブルを通じて送受信するというしくみや運用ルールのような取り決めといった情報を伝達するための社会基盤（インフラストラクチャー）もメディアに含まれる。

水野（1998）は、「メディア」をこのように複数の要素が組み合わさって機能する1つのシステムとしてとらえる重要性を指摘している。メディアは、それだけ複雑な変数のかけ合わせによって成り立っているものであり、伝えられる情報は対面によるコミュニケーションとは異なる特性をもつからである。

現代社会において、私たちは、生活時間の多くをメディアとの接触に費やしている。NHK放送文化研究所の調査によれば、テレビだけとってみても、1日、平日3時間28分、土曜3時間44分、日曜4時間9分も視聴している（調査対象者のうち、テレビを視聴していない人も含めた平均時間）。もちろん、ほかにもラジオ、新聞、雑誌、インターネット、ポスターやチラシ、ダイレクトメール、ケータイ、教科書、黒板、音楽、ゲームなど、私たちは数え上げればきりがないほど多くのメディアと接している。私たちは対面によるコミュニケーションと異なる特性をもつメディアと、毎日、長時間接触しているのだ。その分、メディアを通じて得た情報が私たちの「現実」の認識として多く蓄積されているということであり、その影響力は大きいと考えられる。

1-2：メディアのもつ影響力

私たちは、メディアを通じてさまざまな出来事を知ることができるが、メデ

ィアで伝えられていない出来事を知ることはできない。メディアが伝えなかった出来事や、伝えていても受け手がそれに接触しなかった場合、受け手にとって、その出来事は「なかったこと」と同じことになる。逆に、メディアを通じて知った出来事は、実際に現場に行って自分の目で見なくても当然のように「あったこと」として受け入れ、「現実」のこととして認識する。つまり、私たちの「現実」の認識の多くは、メディアによって構成されているのである。

　また、メディアが伝える内容には、事実に即して作られるノンフィクションと架空の物語であるフィクションがある。ドキュメンタリーや紀行などといったノンフィクションは、実在する人物や場所が登場するが、伝えられる情報は、やはり送り手の意図によって取捨選択されている。一方、フィクションは、アニメーションやドラマなど作り事の世界を描いたものである。人は「作り事だから事実ではない」と認識した上で、それらを楽しむことができる。しかし、作品に込められたメッセージや登場人物のふるまいや考え方、世界観は、少なからず人間の価値観の形成、つまり、「現実」の認識に影響を与える。

　メディアの影響力は、社会的、文化的、政治的、経済的なものなど多岐にわたる。たとえば、メディアは、人の社会的な役割、性別や職業、家族のなかでのふるまいや規範、美的感覚、常識と非常識の境界、文化的な価値などを受け手に伝える。また、メディアは、政府の方針を報じたり、政治の権力を監視したりする役割を担うし、選挙で投票する人を選ぶための情報を市民に提供することもある。さらに、製品やサービスのよさを伝える広告によって物が売れたり、企業の不祥事が報じられれば株価に影響したり、産業や経済にも大きな影響を及ぼすことがある。また、マスコミ関連企業は、主に広告費を収入源として、それ自体が産業として社会に位置づき、経済活動に影響を及ぼしている。

　私たちは、電話など特定の相手とのコミュニケーションを除けば、送り手を意識してメディアに接触することはあまりない。たとえば、テレビで現地の映像が映れば、現実に起こった出来事として、自分で見て知ったことのように受け入れがちである。しかし、テレビであれば、カメラマン、音声技術者、ディレクター、編集担当者、それらを統括するプロデューサーなど、多くの人間が

関わってメディアがプロデュースされている。メディアは送り手の意図によって構成されており、受け手が得ることができるのは、送り手の解釈や取捨選択といったフィルターを通して伝えられた出来事の一面でしかない。

それだけに、メディアリテラシーの研究者であるレン・マスターマン（1985）が指摘しているように「メディアは能動的に読み解かれるべき、象徴的システムであり、外在的な現実の、確実で自明な反映なのではない」ということを理解しておく必要がある。

1-3：メディアリテラシーの必要性

以上のようなメディアの特性や影響力を考慮するならば、私たちはメディアのあり方に無関心でいることはできない。もし、無関心なままであれば、送り手の意図にかかわらずメディアの情報に踊らされて、情報を的確にとらえ行動できず、日常生活で不利益を被ることがあるだろう。また、望ましい社会やメディアのあり方について議論したり、意思決定したりすることもできないだろう。

そのため、メディアの特性について学び、メディアリテラシーという能力を身につける必要性が指摘されてきた。たとえば、メディア研究の蓄積を受けて、カナダ・オンタリオ州のメディアリテラシー協会（Association for Media Literacy）では、メディアリテラシーのキーコンセプトとして次の8つをあげている。これらは、マスメディアの特性を簡潔に表している。

1. メディアはすべて、送り手によって構成されたものである。
2. メディアが伝えるメッセージに対して、人はそれぞれ異なる解釈をする。
3. 企業体としてのマスメディアは、商業的な性質をもつ。
4. メディアが伝えるメッセージには、イデオロギーや価値観が含まれている。
5. メディアには、それぞれの形態に特有の言語、スタイル、技法、記号、慣例、美しさがある。
6. メディアには、商業的な影響力がある。
7. メディアには、社会的にも、政治的にも大きな影響力がある。
8. メディアの形式と内容は、密接に関係している。

（http://www.aml.ca/whatis/ をもとに著者が意訳）

これらがマスメディアの特性に限定されているのは、インターネットが世界に広まる以前は、マスメディアの影響力が圧倒的に大きいととらえられていたからだと考えられる。もちろん、ここで整理されている特性は、インターネットが世界に広まった現在の状況にあてはまるものも含まれている。
　鈴木（1997）は、「メディア・リテラシーとは、市民がメディアを社会的文脈でクリティカルに分析し、評価し、メディアにアクセスし、多様な形態でコミュニケーションを創り出す力を指す。また、そのような力の獲得を目指す取組もメディア・リテラシーという」とメディアリテラシーを定義している。これは、メディアの分析、評価に力点があり、受け手としての市民を想定した表現であるといえよう。
　一方、水越（1999）は、「メディア・リテラシーとは、人間がメディアに媒介された情報を構成されたものとして批判的に受容し、解釈すると同時に、自らの思想や意見、感じていることなどをメディアによって構成的に表現し、コミュニケーションの回路を生み出していくという、複合的な能力である」と、表現能力を重視することまで含めて定義している。このように、時代や立場によって、求められるメディアリテラシーのとらえ方、力点の置かれ方は異なる。
　こうした日本の代表的な研究者の定義の共通点と相違点をふまえた上で、本章におけるメディアリテラシーは、「(1) メディアの意味と特性を理解した上で、(2) 受け手として情報を読み解き、(3) 送り手として情報を表現・発信するとともに、(4) メディアのあり方を考え、行動していくことができる能力」のことであると再定義しておく。とくに、メディアリテラシーは、万人に求められるものであり、「(4) メディアのあり方を考え、行動していくことができる」という目的を強調しておきたい。
　本章でのメディアリテラシーとは、マスメディアとしての大手企業が従事しているマスコミュニケーションのみを対象とした能力だけを指すものではない。手紙や電話のように相手が特定されたパーソナルコミュニケーションも含む。さらには、インターネットのように不特定多数の人と関係性を築くことができるネットワーク型のコミュニケーションも含む。とくに、現代社会におけ

るメディアプロデュースの事象とメディアリテラシーの関係を考えた時には、このことが重要な意味をもつ。

② メディアリテラシーとメディアプロデュースの関係

2-1：メディアプロデュースのとらえ方

　次に、「メディアプロデュース」の社会的な位置づけについて考えていく。世のなかには、メディアプロデュースを職業にしている人とそうではない人が存在する。とくに新聞・雑誌・テレビ・ラジオは、マス4媒体と呼ばれ、限られた企業体が組織的に運営を行う時代が長く続いた。これは、興行を目的とした映画なども同様であるが、運営には多くの資金が必要になるし、職能も必要とされる。そのため、一般的には、メディアプロデュースといえば、そうした職業に就いている人でなければできない特別なことであると考えられてきた。

　しかし、近年、パソコンやデジタルカメラ、ビデオカメラなどが一般家庭に普及したり、インターネットが技術的な発展を遂げたりしたことから、「ある特定の職業に就かなくても、誰もがメディアをプロデュースできる」というように、メディアプロデュースの社会的な位置づけが変わりつつある。

　インターネットは、すでにあるメディアと連動したり、融合したりして、新しいサービスやコミュニケーションの場を提供している。コンピュータが文字だけでなく画像を扱えるようになったことで、新聞や雑誌の形式と同等のコンテンツをインターネット上で提供できるようになった。また、ネットワークのブロードバンド化によって、音声や映像の配信、生中継も可能となり、ラジオやテレビの形式と同等のコンテンツが提供できるようになった。さらには、インターネットのもつ双方向性を活かして、これまでなかったようなしくみや使い方も生み出され続けている。たとえば、SNS、テレビ会議システム、ミニブログなどのシステムを活かして、多様なコミュニケーションが生み出されている。

　ところで、技術革新に伴い個人によるメディアプロデュースが可能になったと説明したが、「メディアプロデュース」という言葉は、情報内容を制作するこ

とだけを意味するものではない。狭義にはメディアプロデュースを「作品を制作すること」ととらえることもできるが、広義には社会基盤を創り上げることまでも含め「システムとしてメディアを生み出すこと」ととらえることができる。

　たとえば、テレビというメディアであれば、番組を制作する行為がメディアプロデュースということになるが、その基盤となる規格・方式・機能の実現（たとえば、アナログ放送からデジタル放送への移行など）もメディアプロデュースととらえることができる。社会基盤の変化は番組制作のあり方にも影響を及ぼし、新しいメディアが生み出される。そうした意味では、さまざまな立場でメディアプロデュースに関わる人々が存在しているといえる。

2-2：求められるメディアリテラシー

　市民が情報発信できる、あるいは、新しいメディアのあり方に関して関与できる可能性が開かれてきたということは、旧来いわれてきたような「権力を握っている特別な存在であるマスメディア」と「それに頼らざるをえない市民」という構図が崩れつつあることを意味する。

　発信者としての市民は、大手マスメディアが取り扱わないような内容でも独自に取材して発信できる。大手マスメディアは常に新しい出来事を追い求めがちであるが、そうではない長期的な取材から伝えられる個人の情報発信が、世のなかにとって有益な場合もある。また、数の限られたマスメディアによる情報発信だけでなく、さまざまな立場から市民が情報を発信し、多様な考えが自由に世に放たれることは、言論の偏りを正すことにつながると期待される。

　今後は、個々の取り組みだけでなく、少し規模の大きな市民メディア団体の設立も増えることが予想される。たとえば、視聴者からの寄付や情報料の支払いによって成り立つようなメディア団体であれば、「視聴率をとれなければ番組を打ち切る」ということは少なくなるかもしれない。そうすれば、活動資金の多くをスポンサーからの広告収入で賄っている現在の大手マスコミ企業とは異なる使命感をもって活動できるだろう。

しかし、市民が情報発信できる場や権利を得たとしても、誰もが上手に情報発信できるとは限らない。一定の機材は必要であるし、技術的な知識やスキルも必要になる。そして何より、メディアの特性や社会的な影響力を理解しておく必要がある。もし、そうしたことがなく、素人が大量に情報発信者として社会に参画すると、信憑性の疑わしい情報や配慮に欠ける表現が増え、社会が混乱したり、大切にしてきた文化が衰退したりする危険性もある。

　また、ある人にとってはなんということもない表現が、別の人にとっては許しがたいほど不快な場合がある。文化的な背景、育った環境なども関係すると考えられるが、暴力的な表現、性的な表現などは、とくにそのようなズレが生じやすい。そして、相手の顔が見えにくいという特性をもつメディアでは、このようなトラブルも起きやすい。もし、相手がどのレベルを不快と感じるのか知ることができれば、表現に配慮したり、不快に感じる人がそのような表現に触れずに済む方法を考えたり、メディアのしくみや運用の取り決めを検討したりすることができるだろう。

　こうしたことから、市民がメディアの特性を理解した上で、情報発信する際に責任感をもつことや、一定の表現技術を身につけることは急務であるといえる。また、単にコンテンツを生み出す能力だけではなく、あらたに技術を開発、利用してコミュニケーションの経路を生み出したり、コミュニケーション空間における秩序を保つためのしくみやルールを作ったりというように、メディアのあり方を組み替えていく能力も求められている。

　社会的なシステムとしてのメディアのしくみを構築したり、組み替えたり、コンテンツを生み出したりすることは、その社会をともに生きる人々の対話によって実現する。そして、その対話を行うためには、メディアの特性を理解しておく必要がある。このようなことから、メディアをプロデュースするという社会的行為の前提として、メディアリテラシーという能力が求められるのである。

　なお、このような状況があるからこそ、受け手として情報を読み解くメディアリテラシーも、よりいっそう重要性を増しているといえる。市民メディアが

登場したからといってマスメディアの影響力が弱まるわけではないし、送り手が多様化すればするほど、情報の信憑性や送り手の意図をよく吟味して情報を受け止める必要がある。受け手としての市民には、情報に踊らされたり、送り手のもつ権力を暴走させたりしないように、メディアの構造を理解し、情報の質や健全性が高まるよう、送り手側に働きかける姿勢が求められている。

2-3：メディアリテラシーの構成要素

では、メディアリテラシーという能力を獲得し、磨きをかけていくためには、どうしたらよいのか。中橋・水越（2003）は、メディアリテラシーの構成要素を以下の6項目に整理している（なお、これらの項目はそれぞれ3つの下位項目をもっているが、それは原典で確認してもらいたい）。

> ① メディアを使いこなす。
> ② メディアを理解する。
> ③ メディアの読解、解釈、鑑賞。
> ④ メディアを批判的に捉える。
> ⑤ 考えをメディアで表現。
> ⑥ メディアでの対話とコミュニケーション。

送り手の能力が⑤と⑥、受け手の能力が③と④、その両方に関わる能力が①と②である。これまで、こうした能力を育む方法として「メディアを制作する学習活動」や「メディアを分析する学習活動」などが実践されてきた。ここで押さえておきたいことは、必ずしも送り手としての能力である⑤と⑥を「メディアを制作する学習活動」で育み、受け手としての能力である③と④を「メディアを分析する学習活動」で育むというものではないということである。

先にメディアをプロデュースする人にはメディアリテラシーが必要だと述べたが、メディアリテラシーに磨きをかけるためにはメディアをプロデュースする実践的な経験を積むことが有効な場合がある。たとえば、メディアプロデュースの実習を通じて、以下に示すことを学ぶことができるだろう。

> ① 送り手として、受け手を意識した情報発信ができる。
>   a) 報道や文化創造などにおいてメディアの質的向上に寄与し、送り手として役に立つことができる。
>   b) 自国の文化を大切にする態度が育つ。
>   c) 表現技術の向上によってコミュニケーションの広がりと深化を期待できる。
>   d) 言論の偏りを正すことで、一部の権力者が言論統制することを回避し、望ましい民主主義社会を実現できる。
> ② 送り手の立場に立つことによって、送り手を意識した読み解きができる。
>   a) 情報を鵜呑みにせず、信憑性を判断することができる。
>   b) 世のなかが過度の商業主義に陥らないように注視できる。
>   c) メディアで扱われていないことにも意識を向けることができる。
>   d) 悪影響がありそうなメディアから、無防備な子どもを守ろうとする意識が芽生える。

　このような「メディアリテラシーの構成要素」や「送り手の立場に立つ学習で学べること」は、学習目標として意識しなければ単なる技術のみの習得や制作のための制作実習に終わってしまうこともある。形だけ制作実習をしても、メディアリテラシーに磨きをかけることができるとは限らない。メディアリテラシーの構成要素を目標とした学習活動をデザインすることが重要である。

❸ メディアプロデュースから何を学ぶのか

3-1：メディアプロデュースの活動

　市民のメディアリテラシーを向上させるために、社会教育を試みる団体もいくらか存在するが、やはり教育機関の果たす役割は大きい。学術機関としての大学でも、学部によっては、メディアプロデュースを学ぶカリキュラムが用意されている。とくにメディア研究を専門とする大学では、「誰かがプロデュースした作品やその社会的な影響力を学ぶこと」と「みずからが表現者となってメディアをプロデュースすることで、その社会的な影響力を学ぶこと」など、多様なアプローチでカリキュラムを用意していることが多い。前者は、主にメディア分析の学習活動、後者は、主にメディア制作の実習活動を想定することが

できる。

　制作実習であれば、たとえば、ニュース番組制作、ドキュメンタリー番組制作、アニメーション制作、雑誌記事制作、広告制作、音楽制作、Web制作など、コンテンツを制作する場合が多い。そうした制作実習、つまりみずからメディアをプロデュースする学習活動で何が学べるのか、また、その際にメディアリテラシーの観点からは何を学びとることが重要なのか、事例に基づき考えていく。

3-2：記事にしたいことが先にあるインタビュー

　ある大学生が、雑誌記事制作の実習を行った時のことである。この学生は、「スマートフォンが大学生のライフスタイルをどのように変えるのか」ということをテーマに、数名のチームで雑誌記事制作を行った。

　主な読者層を「スマートフォンをよく知らない人」と設定し、スマートフォンが、ライフスタイルにどのような影響を及ぼしてきているのかをわかりやすく伝えることが目標である。単なる機能紹介ではなく、使っている人へのアンケート調査、対話形式のインタビュー記事も盛り込むように企画した。その制作活動を通じて、この学生は、ある日の学習記録を次のように書き記している。

> （今日気づいたことは、）「言いたいことがあるから記事を書く」ってことで、インタビューしても、その書きたいことと、違うことを言っていたらカットするわけで……なんか少し情報操作してる感じがしました。あと、自分の意見を信じこませようと説得してる感じです。なんか、複雑ですが、仕方ない気もします。

　企画・インタビュー取材・編集といった一連のプロセスを通じて、「インタビューする前から自分のなかには企画に沿った欲しいコメントがある」ということに気づいたという。情報を表現・発信する難しさに直面し、葛藤していることがよくわかる学習記録である。

　紙面に限りがあることを考えると、すべてのインタビュー記録を載せること

はできないし、わかりやすく楽しんでもらう記事にするためには、企画に沿ったコメントを取捨選択せざるをえない。しかし、欲しいコメントだけを採用していたら「情報操作」になってしまうと、この学生は感じている。

　この学生が用いた「情報操作」という表現には、「悪意をもって人を欺く」というような独特の意味あいがある。受け手として「情報操作」されたくない、送り手として「情報操作」してはいけないという認識が、この学生にはある。読み手に伝えたい、楽しんでもらいたいと思って編集することと、悪意をもった「情報操作」との境界はどこにあるのか、明確な線引きは難しい。

　メディアは、どんなに努力しても伝えられることに限界があるということや、自分に都合のよいように話をもっていきたくなる誘惑にかられることは、実際に制作経験を積まなければ感じることはできない。このように葛藤し、真剣に考える経験が、情報発信者としての責任を自覚しながら表現力を磨き、情報発信することにつながるのではないだろうか。

3-3：ありのままを伝えるものではないドキュメンタリー

　次に、ドキュメンタリー番組を制作する実習を受講していた別の大学生の事例である。この学生は、ドキュメンタリー番組の制作経験を積むほどに「こう演出すれば、もっとこの人のよさを伝えることができたり、受け手に楽しんでもらうことができたりするのではないか？」という想いが出てきたと語ってくれた。しかし、それは、自分にとって都合のよいように選び出した情報であり、「事実をありのままに伝える」ものがドキュメンタリーと考えていた自分としては、そうした演出や作り込みをしてよいものか葛藤することがあったという。

　その後、この学生は、菅谷（2000）の著書である『メディア・リテラシー』を読み、メディアは、送り手（自分）のフィルターを通して再構成されたものと書かれているのを読んで「腑に落ちた」という。もし、制作する活動を伴わなければ、読み飛ばしていたかもしれない1行が、制作する活動を経験したことで大きな意味をもつ1行となったのである。

　メディアは、当たり前のように身のまわりに存在しているため、それがどん

な特性をもったものであるかということをあらためて考える機会は少ない。メディアをプロデュースする実習の経験は、「当たり前のことに疑問をもつ」きっかけを与えてくれる。それは、学習者にとって、社会におけるメディアの意味やそのあり方について考え、行動していくための重要な基礎になるだろう。

3-4：どう表現することが「事実」なのか

　大学では、理論的蓄積をふまえた上で、メディアの社会的な影響力を理解し、社会事象の科学的な解明を試み、社会で活躍できるための専門的な教育が行われる。その前の段階である小学校・中学校・高等学校の現場でも、メディアを学ぶ活動は存在しており、「メディアを分析する活動」と「メディアを制作する活動」が実践されている。

　横浜市立高田小学校の佐藤幸江教諭は、４年生国語の授業で新聞作りをする活動を行った。上位学年である５年生の委員会活動を取材し、保護者に伝える新聞制作の学習活動である。

　この実践において、ひと通りの取材を終えて、いざ記事にしていこうとする場面で、あるグループの子どもたちは判断に迷う事態に直面した。「なぜこの委員会をすることにしたのですか？」と５年生にインタビューしたところ「ジャンケンで決めた」という答えが返ってきたというのである。

　もしこのことをそのまま記事にすると「主体性のない５年生」という悪いイメージになってしまう。しかし、載せないと事実を隠蔽したことになるのではないか、ということを子どもたち同士で話しあっていたのだ。結局、この事例では、教師や外部講師のアドバイスを受け、再取材を行った。もっと詳しく聞いていくことで、きっかけはジャンケンだったけれど誇りをもって活動をしているという話を聞くことができ、それを含めて記事にしたということである。

　さて、この事例からまず考えるべきことは、「ジャンケンで決めた」と書くことが本当に「事実」を伝えたことになるのかどうか、ということである。もしかすると、冗談や照れ隠しで出た言葉であって、「自分たちはやる気がない」ということを意図して話したのではない可能性もある。また、たった１人の言葉

が、すべての5年生のイメージを作ってしまう可能性にも留意する必要がある。つまり、そう話したこと自体は事実だとしても、それは取材対象の一面にすぎないことであり、取材対象を知らない人にその部分だけを伝えると誤解を広めてしまうことにもなる。

　このように表現・発信することの難しさや責任を実感できる場面は、実際にメディアを制作してみないと経験できない。「新聞とは事実をありのままに伝えるもの」と考えていた子どもたちは、それほど単純なものではない、ということを理解したはずである。メディアを制作し、人にものごとを伝えることの難しさを知ることによって、受け手としてメディアとどう接していくか、送り手としてどう表現・発信していくかということについても考えるきっかけになる。

4　メディアを学ぶために

4-1：体系的なメディアプロデュースの教育を

　現在、わが国の初等・中等教育の方向性を定めている学習指導要領には、「メディアリテラシー」という言葉は使われていない。義務教育段階で、メディアに特化して学ぶ教科もない。しかし、メディアに関わる学習をする場面は、各教科に埋め込まれている。たとえば、国語のなかでは、言語活動として新聞作りやパンフレット作りなどが例示され、教科書にも活動例が示されている。しかし、単に新聞らしき形式のものを作ればメディアについて学んだということにはならない。相手意識・目的意識をもって制作されるべき新聞というメディアの機能を果たす制作物をプロデュースすること、それを通じてメディアの特性を学ぶことを目的とした実習が必要なのである。

　メディアは、時間と空間を超えて情報を伝えることができる。メディアがなければ人が一生に獲得することのできる「知」はごく限られたものになる。メディアは、現代社会においてなくてはならないものである。その一方で、どんなに送り手が努力しても、メディアはものごとの一面しか伝えられないという

限界もある。当たり前に身のまわりにあるために普段は考えもしないメディアの可能性と限界について深く理解するためには、実体験を伴う学習が必要である。

　社会の秩序を保つために、表現の自由と規制のバランスをどう考えるかといった問題は、小学校段階で理解することは難しい。スポンサーとメディア、政治とメディアとの関係なども難しいだろう。しかし、伝えることの楽しさや難しさ、表現技法の獲得、モラルの育成などは、小学校段階からでも学ぶことができる。そのため、メディアプロデュースの学習を取り入れる意義は大きい。

4-2：なぜメディアを学ぶのか？

　「なぜ、メディアを学ぶ必要があるのか？」と問われたならば、どのように答えるだろうか？　メディアについて学ぼうとするならば、それを学ぶことにどんな意義があるのか、ということを意識してもらいたい。

　メディアプロデュースの経験を積み、みずからのメディアリテラシーを高める。これは、現代社会に生きるすべての人に求められることだと考えられる。そして、それを専門的に学ぼうとする人には、メディアの質的向上を目指して社会に新しい価値を生み出す人、社会を読み解き、向かっていく方向性を考えていくことができる人、次世代のメディアリテラシー向上を考えることができる人になることが期待されている。

　本章で述べてきたように、「メディアプロデュース」の実習を通じてしかみえないものがある。だとするならば、「なぜ、メディアを学ぶ必要があるのか？」という問いに対する答えのひとつは、そこにあるのではないだろうか。これからメディアを学ぼうとする人には、何のために「メディアプロデュース」の実習に取り組むのか、そして、「メディアプロデュース」の実習を通じて何を学ぶべきか、ということを意識して取り組んでもらいたい。　　　　　　（中橋　雄）

【注】

(1) 本章で用いた「動画投稿サイト」とは、たとえば、「Youtube」や「ニコニコ動画」な

どのようなサイトのことである。「ミニブログ」とは、たとえば、「Twitter」や「Ameba なう」などのようなサービスのことである。「SNS」とは、「Facebook」や「mixi」などのようなサービスのことである。

【参　考　文　献】

The Association for Media Literacy, 2011 確認 http://www.aml.ca/whatis/
Masterman, L., 1985, *Teaching the Media*, Routlege.（＝2010，宮崎寿子訳『メディアを教える―クリティカルなアプローチへ』世界思想社.）
水越伸，1999，『デジタルメディア社会』岩波書店.
水野博介，1998，『メディア・コミュニケーションの理論―構造と機能―』学文社.
中橋雄・水越敏行，2003，「メディア・リテラシーの構成要素と実践事例分析」『日本教育工学会論文誌 27（suppl.）』日本教育工学会.
NHK 放送文化研究所，2011，『2010 年国民生活時間調査報告書』http://www.nhk.or.jp/bunken/yoron/lifetime/index.html
菅谷明子，2000，『メディア・リテラシー―世界の現場から―』岩波書店.
鈴木みどり編，1997，『メディア・リテラシーを学ぶ人のために』世界思想社.

2 映像とメディア表現

0 はじめに

　世の中を知り、考える上で、ビジュアルな表現が有効であることについて、19世紀の社会学者たちはよく理解していた。世界最初の記録写真は、残念ながら現存していないが、リチャード・ビアードが街頭で撮影した、ダゲリオタイプの写真だったといわれる。これは、社会学者ヘンリー・メイヒューの『ロンドンの労働、ロンドンの貧民たち』（1851）という大規模な社会調査の挿絵として用いられた。

　20世紀前半、アメリカの社会学者のルイス・ハインは、ヨーロッパ移民がアメリカで直面する厳しい現実を記録するために、本格的にカメラマン修行をした。そして、ハインが撮った、ピッツバーグの鉄鋼労働者が劣悪な条件で働き、児童労働が横行する現実を伝える写真は、大きな反響を呼び、児童労働法の成立につながったといわれている。20世紀後半、経済社会学者だったセバスチャン・サルガドは、ラテンアメリカの貧困やアフリカの飢餓地帯を訪れるうちに、写真に目覚め、世界屈指のフォトジャーナリストになっていった。一方、日本に目を転じれば、日本をあまねく旅したといわれる民俗学者の宮本常一は、数万枚の写真を残し、人々の営みをまるごと記録しようとした。

　こうした例は、あげればきりがない。社会に関心をもつ社会学者が、社会を記録する道具である写真に関心をもたないはずはない。そして、それが高じて写真に力点が置かれるようになれば、写真を職業とする、プロの写真家の道に進む人間も出てくるのである。入り口が写真の技術の習得なのか、社会学なのかによって、その後の進路は大きく異なるように思いがちだが、実は写真が発明されて以降今日に至るまで、両者は明確には分かれていなかった、と私は思

っている。この考えを延長すれば、社会学とメディア社会学はどう違うのかなどと悩む必要もなく、メディアに関心をもたない社会学などというものは、存在しないことになる。

① 人間を記録する瞬間と時間

　さて、本章のテーマは、「映像とメディア表現」である。この場合の「映像」は今では、主に「動いている絵」に限定されて語られがちだが、静止する画像の担い手たちのあいだでは、どうすれば動きを時間的に連続してとらえられるかが、初期の段階から大きな夢であり、その実現のための格闘が続いた。この流れは、フィクションであるアニメーションの世界とノンフィクションであるドキュメンタリー映画の世界の2つの潮流に分かれていく。アニメと聞いて、みなさんは何を連想するだろうか。宮崎アニメやチェコアニメ、アートアニメをイメージする人もいるだろう。アニメの世界の最先端のところでは、アニメンタリーというジャンルがある。これは、人間の現実の生きざま、とくに心の内面など目に見えないものを、アニメの手法を用いて、ビジュアルに表現しようという試みである。一方、ドキュメンタリーの世界でも、超高速度撮影や、アニメーションの手法を用いることで、より現実に近づこうとする動きがある。

　人間を記録する場合、一瞬の場面より、動いている絵の方がよりリアルであり、しかも内面まで描ければ、その人を深く理解できるというわけだ。これがこれまでメディア研究者が語ってきた、映像の進化の流れだ。しかし、実際は、そう簡単ではないと私は思う。懇切丁寧に絵づくりをしたアニメーションより、寡黙なドキュメンタリーの方が伝わることだってある。原始的とさえ思われる写真家の1ショットの方が、動画より、はるかに遠くて深い世界を見つめていることだってある……そんなことを、考えていると、みなさんはわけがわからなくなるかもしれない。しかし、このわかりにくさ、語りにくさこそが、映像を語る上で大切なのだということを知っておいてほしい。一見単純にみえる、ビジュアル表現のなかには、複雑な変数に溢れた、きらきら光る宝石箱のよう

な世界が隠れている。たとえば、装飾に彩られ、すべて演出されたファッション・モード写真のなかに、人間の本質を射抜くドキュメントが潜んでいたりもする。言葉の遊びをしているのではない。ファッション写真のヘルムート・ニュートンと、人物写真のアウグスト・ザンダーのどちらがよりドキュメント性が強いかについて語ることは、容易なことではない。

❷ 動画で何が可能になるか

　話をもう一度、戻そう。社会学者のルイス・ハインが、1908年に撮った写真がある。紡績工場で働く幼い少女の姿をとらえた1枚だ。これによって、児童労働の実態があぶり出され、政治が動いた。

　今のメディアなら、どんな取材を試みるだろうか。まずビデオカメラを、同じ紡績工場に持ち込む。当然マイクもある。工場の照明が暗いということを表現できる解像度も備わっている。そこで、どんな音がしているのか。機械で糸車を回す音は、耳を聾するほど、大きな音かもしれない。ひとりの労働者が受けもつ仕事の範囲はどれぐらいか。何時間立ち続けなくてはならないか。コマ撮り撮影なら、彼女の動作の一部始終を記録し、それを短い時間に再現することだって可能だ。朝、彼女が出勤し、働き始め、昼食をとり、また働き、夜遅くまで追うこともできる。雇用主のインタビューも撮りたい。家では彼女はどうしているのだろうか。ひょっとして、母親は病身か、父親はすでに亡くなっており、彼女は妹や弟の面倒をみているのかもしれない。彼女は学校に行かなくて大丈夫なのか。栄養は足りているのか。将来の夢はなんだろう。彼女が了解してくれれば、10年、

（ハイン，ルイス W. 1908「カロライナの紡績工場」）

20年、追い続けることもできる。そして、それらの映像を編集し、いつの日か彼女自身に見てもらうことも可能であり、そのリアクションを映像素材として盛り込むことができる。そして、また10年、20年、30年……。1950年代の繁栄するアメリカにおいて、50歳半ばを過ぎた彼女は、どんな人生を送っていたのだろう。今はもう100歳を超えておられる計算になるが、少し前までご存命でおられたかもしれない、などと想像をめぐらしてみる。

こうしたことを、本人を主人公に、大スペクタクルにまとめることもできる。彼女の輝き悲哀、有為転変を聞き、ある部分はドラマで再現することだってできる。なんとすごいというか、果てしないような気もするが、これが映像の醍醐味なのだと思う。

こうしたことをふまえ、現実のドキュメンタリー作品を例に考えてみたい。

❸ 継続して追いかけること

まず思いつく番組は、相田洋ディレクターが、NHKで、日本からブラジルに移住した人々を追ったドキュメンタリー、『ある人生　乗船名簿 AR-29』(1968)である。相田はその後、『移住10年目の乗船名簿』『移住20年目の乗船名簿』『移住31年目の乗船名簿』を制作した。このような長期取材は、世界でも稀有なことである。移民の時に乗り込んだ「あるぜんちな丸」。そこでの不安と希望が、その後どのように変わっていったのか。ブラジルでの歳月は、彼らにどのような人生をもたらしたのかが、見事に記録されている。成功している人は成功している人らしく、零落した人はなにくそとまたがんばる。未知の大地での生活がいかに過酷なものであり、人生を切り開くことがいかに困難であるかが、映像を通じて体感できる。もちろん写真だって、できるじゃないかという人もいるだろう。しかし、最初の船でのダンスパーティーでの音楽や、船内の散髪屋での世間話。虫害にやられた作物が、風に揺れ、別れ際に微笑み、手を振る姿は、動画の迫力を見せつけられる。もちろん、30年の歳月のなかで、記録できているのは、人生の一コマにすぎない。ディレクターに見せている顔は、そ

の人の人生のごく一部でしかないだろう。しかし、彼らが生きぬいた歳月の記録は、本人たちも忘れていることを蘇らせるのだ。

　相田による30年の記録は、メディアの進化の歴史でもあった。最初の「ある人生」は、まだ同時録音ではない。モノクロの映像と音声は別々のもので、登場人物たちへのインタビューは、さまざまな映像のバックに聞こえてくる。映像ドキュメンタリーではあるが、優れた録音構成でもある。「10年目」になると、映像はカラーフィルムになり、映像と音声は同時に記録できるようになった。そして「20年目」、記録媒体は、VTRになった。それとともに、映像はよりリアルになったが、逆に初期のような文芸性や執拗さは影をひそめ、ちょっと言葉は悪いが、御用聞きのように淡白になっていく。「こんにちは、お久しぶりです」「ではまた、お元気で」といった感じなのだ。そして31年目。これまでの30余年の集大成となった番組群は、映像による個人と社会の記録という、アーカイブ性が最大限発揮された、貴重な現代史の記録となった。日本の中の共同体を離れ、ブラジルで生きようと格闘し、さらにまたディアスポラ（共同体を追われた難民）として、生きる道を模索する人々。その継続力とこだわりに脱帽するしかない。映像はこんなすごいことができるという、手本のような番組である。

❹　小川紳介作品から見えるもの

　継続的にあるテーマに取り組んだということでいえば、小川紳介監督の「三里塚」のシリーズを抜きに、映像史を語ることはできない。武蔵大学は、小川監督および小川プロダクション製作のドキュメンタリー映画16作品をフィルムで所蔵し、折にふれて無料上映している。ほかにそのようなところはない。とくに、『日本解放戦線・三里塚の夏』（1968）『日本解放戦線・三里塚』（1970）『三里塚・第三次強制測量阻止闘争』（1970）『三里塚・第二砦の人々』（1971）『三里塚・岩山に鉄塔が出来た』（1972）『三里塚・辺田部落』（1973）そして『三里塚・五月の空　里のかよい路』（1977）の作品は、成田空港闘争の歴史を考える上で、大きな意味をもっている。そこに描かれている人々はどんな姿をし、ど

んな語り口で語るのか。それを見ると、当時の社会がどう動き、人間がどうそこに存在したのかがわかる。それとともに、取材や撮影の手法を仔細に見ることで、取材者と対象がどのような関係を切り結んだのかがわかる。小川たちは、1968年から6年あまり三里塚に住み込み、そこで何が起きているのか、映画スタッフ全員が全身で渦中に踏み込んでいった。有名なシーンとして、女性たちがみずからのからだを桟木に縛りつけ、機動隊に抵抗しようとするところがある。報道写真やテレビニュースの映像は、その悲劇性の一瞬を切り取ろうとした。しかし、小川たちは、彼女たちのしたたかな「演劇性」を克明にとらえている。これは、彼らの継続性と、対象との距離と近さによってはじめて、そこまで視野をのばすことが可能となったのだ。マスメディアにおいては、対象との距離を確保することが徹底されるが、小川たちは、むしろその距離を縮めることで、これまで記録が不可能だったことまで、可能にしたのだ。こうした取材手法は、その後のドキュメンタリー、佐藤真監督の『阿賀に生きる』(1992)や飯田基晴監督の『あしがらさん』(2002)にも引き継がれている。これこそ、ドキュメンタリーの醍醐味といえるだろう。

❺ フラハティとその後継者たち

　小川紳介監督のドキュメンタリーは、世界に冠たるものだ。小川らが手本としたのは、ドキュメンタリーの始祖といわれるロバート・フラハティの記録映画である。フラハティは、『ナヌーク』(1922)『モアナ』(1926) などの作品で知られる。フラハティは、現地に住み込み、人々の生活を、詩情豊かに描くことを旨とした。『ナヌーク』の舞台は北極圏。そこでのイヌイットの暮らしを、ともに暮らすことで丁寧に見つめた。カヤックを鮮やかに操り、極北のトラともいわれるセイウチや、巨大なアザラシを射止め、大事な食糧にする。その詳細が記録されている。彼らの生活環境は厳しいが、家族の生活は、ごくありふれており、奇異なものではない。フラハティは、新奇な探検の世界を描いたというより、極北にあっても、当たり前の暮らしがあることを描こうとした。この

ことは重要なことである。マスメディアが扱う映像素材は、いままで誰も見たことがないものを紹介するということに縛られている。ノベリティーという信仰だ。しかし、フラハティは、たしかに珍しい地域の人々を記録し、人類学や民俗学の教材ともなったが、そこに人類の普遍性をみようとした。これはきわめて重要な視点である。

　フラハティの精神は、さまざまな人々に受け継がれている。牛山純一ディレクターが半生を賭けた秘境もののドキュメンタリー、NHK スペシャル『ヤノマミ』(2010) や、テレビマンユニオンが制作した NHK スペシャル『日本人イヌイット・極北に生きる』(2011) などが、その系譜に位置づけられる。『日本人イヌイット』には、フラハティの『ナヌーク』と同様に、アザラシやセイウチの猟の様子が出てくる。しかし、フラハティと決定的に違うところがある。それは、取材スタッフが、イヌイットのヒロシさんにビデオカメラを託し、自らの手で生活を記録してもらうよう依頼したのである。カメラを預けられたヒロシさんは、自分を撮影するために、さまざまな工夫をする。渡り鳥のアッパリアスを捕獲する場面を撮るために、大きな網の棒にカメラをくくりつけ、猟をする人間の目線で鳥たちを見ようとしたり、自分の姿を記録するため、妻にも撮影を依頼したりする。これは、まったく新しいことだ。ドキュメンタリーにおいては、常に大きな課題があった。それは、取材者という異物が闖入することで、日常が壊れてしまうという問題である。

　かつて、岩波映画の羽仁進監督は、『教室の子供たち』(1955) という作品を制作するにあたって、子供たちのカメラへの好奇心を取り去り、慣れてもらうために、長い間カメラをから回しした。カメラに飽きたと思われた時に、はじめて本当の撮影を開始した。しかし、今はどうだろうか。ビデオカメラはそれほど珍しいものではなくなったし、機材は小型化したことで、カメラがあっても、自然な場面が撮りやすくなった。しかし、それでも現場に取材者という得体のしれない人間が紛れ込んでいることには変わりない。最近では、異物は異物として割り切り、非日常を切り取ることこそが、ドキュメンタリーだという割り切りも生まれている。取材者と取材対象との関係。これは永遠の課題だ。もう

少しこのことを深く考えてみたい。

6　自分で自分を撮ること

　先ほど、『日本人イヌイット』では、ヒロシさんにカメラが託されたと言った。ヒロシさんは、なぜ撮影する行為を続けたのか。それは、このまま地球の温暖化が進めば、北極圏の氷はすべて融けてしまう。そうなればイヌイットの暮らし自体がなくなってしまう。そうした危機感が、彼にカメラを持たせたのである。

　同様のことは、NHK スペシャル『奇跡の生還』(2010) にもいえる。チリ鉱山の坑道に閉じ込められた事故で、NHK は坑内との細いトンネルを通じて、超小型のビデオカメラをビクトル・セゴビアさんに渡し、だれも知らない坑内の暮らしを記録することに成功した。カメラの前ではしゃぐ姿、家族に向けたメッセージ、過酷な生活を集団で生き延びるためのルールなど、世界的なスクープ映像が、坑夫自身の手で記録された。取材者はだれ一人入れないなかで、事故に遭遇した人たち自身が映像によってドキュメントしたのである。カメラを回した時、救出される希望がみえてきていた。しかし、絶対助かるという保証はない。そのなかでセゴビアさんは、生きた証を、撮影し、記録に残そうとした。

　自分で自分を撮る手法は、セルフ・ドキュメンタリーといわれる。その代表例は『遭難フリーター』(2007) だろう。監督は岩淵弘樹。岩淵は、派遣・請負の「日研総業」から、埼玉県本庄市の「キャノン」の工場に派遣されているフリーターである。仕事は、ただひたすらプリンターのインクに蓋を取りつけるだけ。単調な日々である。岩淵はその退屈さから逃れるために、週末は東京に出る。そこで反貧困のデモに出会い、日雇い派遣にも加わる。自分はこのままでいいのか。どうすれば、単調な日常から脱することができるのか。本当に自分は抜け出たいと思っているのか。そんな岩淵のもがきが、カメラに写っている。意図したもの、そうでないものが、画面のなかに定着し、見る者は共感したり、苛立ったりする。この手法でしか記録できない、飾らないフリーターの生の姿がそこにある。ナレーションは岩淵の主観としてのモノローグである。

従来の、他者が撮るドキュメンタリーではなしえなかった、圧倒的なリアリティーがそこにある。

7 自分の内面に迫る

　2008年の教育番組の国際コンクール「日本賞」のグランプリは、『ブレイン・ダメーぢ』(2008)が獲得した。「ダメーぢ」という題を変に思うかもしれない。現代のdamageのスペルが間違っているのだ。主人公は、交通事故で重大な脳損傷を負ったポール・ナドラー。彼の10年にわたる回復までの日々をカメラは追う。実はポールは、カナダのテレビプロダクションのディレクターだった。記憶の喪失や感情の爆発といった、事故後の後遺症について、作品は彼の内面世界として提示する。ぐにゃぐにゃに見える世界は、ゆがんだ空間として提示され、短期の記憶障害は彼のインタビューで浮かび上がらせる。「ところで、何の話をしていたっけ？」というのが、彼の常套句である。脳に障害を負った人が、どのような苦しみと直面するのか、それが当事者によって、アートの体裁をまとって描かれるのだ。このことは、社会学的にいえば、「当事者主権」といわれるアプローチと近い。外側から取材され、編集され、都合よく編集されるのではなく、自分の本当の世界を、わかってもらいたくて、自身がプロデュースし、構成するのだ。これは、フラハティの時代から比べれば画期的な進化をとげたといっていい。自分が当事者として感じる痛みを抱えながら、取材対象である自分に迫っていく。苦しい作業ではあるが、きわめてまっとうなことである。

8 原点としてのインタビュー

　さて、もう一度そもそもの話に戻ろう。映像で切りとる世界とは、いったい何だろう。その種類は多様であるのは間違いないが、もっとも多いのがインタビューである。やや意地悪にいえば、話している人の顔やしぐさ、口元を撮っ

ているのである。これは、記録媒体が同時録音になってから顕著になり、フィルムからビデオになってから、ますます拍車がかかった。映像の可能性は広がっているはずなのに、実際目にする映像は、ひたすら人がしゃべっているのである。これは、どう考えればいいのだろうか。かつて、フラハティの時代は、ベルハウエルという、ねじ式の16ミリカメラだった。1回に撮影できる時間も限られている。そのなかで、撮影者は、さまざまなアングルを見つけ、飽きさせないように映像の工夫をした。カットが変われば、時間が変わる。そこにモンタージュが生まれ、あらたな意味が発生する。当然、撮影者・編集者の主観がそこに入り込む。しかし、同録によって、唇が震える映像と、実際の音が同期（リップシンクロという）するようになると、話を編集すると、顔が飛んでしまい、編集したことがわかってしまう。そこで取材者は、なるべく「顔飛び」がないところを上手に使おうとする。もちろん、そこに編集という作為が働いていないというわけではない。ことはそんなに単純ではない。「顔飛び」がないからといっても、いろんなことを話したうちの一部が、恣意的に使われていることに変わりはない。顔をさらしたインタビューには、きわめて大きな記録性がある。NHKが続けている『戦争証言プロジェクト』では、戦場や戦災を経験した人たちの肉声が映像に収められ、戦争の実相が体感できるようになっている。飢餓による「人肉食」や「特攻命令の回避」といった、これまでタブーとされてきたようなことが、関係者の証言で明らかになり、歴史のひだがより深く刻まれるようになった。

　これまで、映像によって、ある場面を記録し、それを歴史の証拠とするということが行われてきている。2011年に達成された、チュニジアの民主化も、地方都市における警察官の横暴なふるまいが、動画として配信され、多くの人々がその場面を共有したことが大きい。決定的場面の重要性は、これからも変わらないだろう。さらに、それに加えて、インタビューそのものも、また大きなインパクトをもつ。本人がたしかに話しているということを、映像ででリアルに見られることが大切なのだ。

9 取材者とは何者なのか

　これまでドキュメンタリーの手法について考えてきた。セルフ・ドキュメンタリーにしても、インタビューにしても、映像を記録するカメラマンやディレクター、監督がいる。彼らはいったい何者なのか。今やビデオカメラは、電源をONにし、スイッチを押せば記録できてしまう。では誰でも、何でも撮れるのだろうか。物理的には答えはYESということになるが、実際の取材者は生身の人間だ。何が撮影できるか、何なら撮影が許されるかをめぐって、もがき苦しむこともある。2011年3月11日。この日、地震と津波、そしてその後原発事故が東北地方を中心に襲った。この時、たくさんの映像がプロのみならず、アマチュアの人たちによって記録された。黒い津波に飲み込まれる家、車、人々。重油の流れる海に発生した火災。がれきのなかから見つかる遺体。とめどなく涙を流す被災者たち。こうした情景を取材者たちは、目にし、胸がつぶれる思いでカメラを向けた。しかし、ある時ふとわれに返り思うのだ。いったい何の権利があってカメラを向け、インタビューしているのだと。もちろん、映像取材の成果は、被災地の外に、現場のすさまじさを伝達し、救助の手を差し伸べ、義捐金が集まることにも寄与するだろう。しかし、取材者は自問する。われわれは、被災者のことなど何も理解できていないのではないのか。

　この苦しい自問の過程を記録した作品が生まれた。TBS系列の『報道の魂』というオムニバス・ドキュメンタリーである。遺体を発見したディレクターは、その方向にカメラを向ける。現場に居合わせた警察官はただちに収容は困難だとして、手を合わせた後、そのまま立ち去ってしまう。残された取材者はただ呆然と立ちつくす。津波で失われたのは、何人という数字ではない。一人ひとりかけがえのない命が奪われたのだ。だが映像とは限りなく不器用なものだ。亡くなっているところにカメラを向ければその通り写ってしまう。何の権利があって？……この問いは、取材者にとっては厳しいものだ。お仕事だから、役目だからでは、答えにならない。もし、取材が許されるとすれば、大げさにいえば、取材者という人間と取材対象とが、人間同士の、当たり前の関係が結べ

ていれば、かろうじて許される気がする。しかし、だれにも明確な答えはない。

⑩ 「まだ使える過去」としての映像

　再び、映像のもつ意味について考えたい。時は一瞬たりとも止まってはくれない。今という時間は瞬時に過去になっていく。人はそのことが切なくて、未練がましく写真や映像に残しておこうとするのだ。前述の『日本人イヌイット』のヒロシさんは、今の暮らしがいずれ失われることを覚悟して、息子のイサムさんとの猟の様子を克明に記録した。『戦争証言プロジェクト』で語る人たちは、すべて80代半ばを超えている。今証言を残しておかなければ、この世から消えてしまうものなのだ。しかし、きちんと残しておけば、100年後だって、その世界を体感することができる。

　かつて、テレビの草創期、テレビマンユニオンの萩元晴彦さんや村木良彦さんは、テレビを称して「おまえはただの現在にすぎない」と言った。映画とは違って、放送はその時その時で消えていくものだとされた。しかし、アーカイブやオンデマンド・サービス、そして著作権の問題は多いが、YouTubeが広がるにつれて、こうした言説は過去のものとなった。アーカイブを使った番組も急増している。NHKの川口アーカイブスや、横浜の放送番組ライブラリーなどでは、過去の番組が相当数視聴できる。この傾向は、フランスやイギリスで顕著である。アメリカのナショナル・アーカイブスや国連のアーカイブも原則無料で利用できる。映像は消え去らず、くり返して見ることが当たり前になった。今後は、ただ視聴するだけでなく、映像を再活用したり、所有することがどんどん可能になっていくだろう。それに従って、現在起きている現象が、過去にも同じようにあったことに、気づくことができる。歴史学者のノーマ・フィールドが提起する「まだ使える過去」という考えがある。映像はその考えを具現化できるものだ。

　2011年9月、アメリカは、9・11同時多発テロから10年を迎えた。2001年以来、米軍はアフガニスタンやイラクに侵攻。現地の兵士や民間人を殺害した

だけでなく、アメリカの若者の命も多く失った。生還した兵士たちのなかでも、心の傷を負った人たちがたくさん生まれた。自殺を図ったり、アルコールや薬に溺れる若者たち。彼らは戦場体験によって、PTSD（心的外傷ストレス障害）を発症したのだ。戦場におけるPTSDは、今急に始まったものではない。すでに第1次世界大戦において、「戦争神経症」という名前で知られており、多くの映像が残された。ベトナム戦争においても、多数の若者が心の傷を負った。ハイビジョン特集『兵士たちの悪夢』は、第1次大戦以来の兵士たちのPTSDの映像をふんだんに使いながら、戦場というものの非人間性を告発するドキュメンタリーである。塹壕のなかで、固まってしまい動けなくなった兵士。ちょっとした物音にも震え、ベッドの下に潜り込もうとする兵士。帰還した故郷で、店でささいな喧嘩が起きた途端、銃を乱射した兵士。そうした兵士たちの悪夢が、戦争のたびにくり返され、量産され続けている事態を、このまま放置してよいのか。映像でははっきりとNOと叫んでいる。「まだ使える過去」のために、映像は、もっとも有効な手段だと思う。

⑪　現代における秘境とは

　もう一度、ドキュメンタリーの歴史に立ち戻ることにする。思えば、フラハティ以来、映像ノンフィクションの世界は、まだ見たことがない秘境を描くことに懸命だった。未知の世界を探検し、映像に収め、それを公開してびっくりさせ、興行収入をあげ、視聴率をとる。その原則は変わっていない。テムジンが制作したハイビジョン特集『天空の一本道』（2010）は、チベットの断崖絶壁の道を使って、電化製品などを運ぶ命がけの作業を追ったドキュメンタリーだ。やらせ事件で批判を浴びたNHKスペシャル『奥ヒマラヤ・禁断の王国ムスタン』（1992）も秘境にはじめて入ったことが、最大の売り物だった。NHKスペシャル『ヤノマミ』（2009）もアマゾンの知られざる民族を丁寧に追い、大変な反響を呼んだ。人間の好奇心や相互理解、人類のもっている普遍性に気づく機会として、この種のテーマのドキュメンタリーは、今後も生まれていくと思う。

しかし、「秘境」と呼ばれる場所は何も、そうした人里離れた場所だけではない。たとえば、ドキュメント写真の歴史をみるなら、われわれに社会のなかにある「秘境」として、精神科病院が、その場として扱われてきた。マグナムの写真集団の写真を見るだけでも、精神科病院をテーマにしたものが大変多い。そこで記録された人々は、生き生きした姿では決してなく、まなざしが定まらず、ただ漫然と時間を過ごす敗残者であった。しかし、こうしたステレオタイプの描き方は、今や厳しい批判を浴びている。彼らの人権が侵害されているだけでなく、精神病への偏見が、そうした写真や映像を撮らせたのだ。認知症においても同様だ。認知症の現場もまさに秘境だった。認知症の高齢者が暮らす特別養護老人ホームをはじめて取材したNHK特集『二度童子の館～ボケの老人ホームの記録～』(1982・現在はボケは使わないが、原題どおり紹介)は、当時としては、家族の苦しみがようやく解放される施設の登場として注目を集めた。担当ディレクターの報告にこんな言葉がある。「私には、入居している人たちは決して幸せそうに見えなかった……」。当たり前のことだ。当時は、認知症の人は何もわからない。本人は幸せだが、まわりは苦労が絶えないという言説がまかり通っていたのだ。こうした言説のもとで、映像を撮る人々の目も曇っていたとしかいいようがない。先のディレクターのつぶやきは、せめてもの救いのように思われる。

　精神病や精神障がいについては、映像の世界での記録が急速に進んでいる。認知症でいえば、本人の声を尊重しようというドキュメンタリーは当たり前になった。統合失調症についていえば、北海道浦河の「べてるの家」の活動が特筆される。当事者が、さまざまな症状やお困りごとを披露し、それを発表したり、映像化しDVDにして販売する。その結果、一般の人たちとの距離が縮まった。知らないから偏見が生まれる。どんどん積極的に公開することで、無用な差別は減る。「べてるの家」の活動は、映像のもつコミュニケーション力の大きさを立証している。

12　あらためて映像のもつ力とは

　これまで、写真をスタート地点とし、ドキュメンタリーにおける映像の可能性についてみてきた。昨今の映像をめぐる事件といえば、アカデミー賞を受賞した『ザ・コーヴ』(2009) をめぐる論争と上映反対運動だろうか。この映画は、和歌山県太地町のクジラ・イルカ漁の現場をサスペンス仕立てで隠し撮りし、イルカ漁の中止を呼びかける映画だった。ビデオカメラに対して、怒りをあらわにする地元の漁師たちは、モザイクがかけられ、人権上配慮されているというより、世間に顔向けできない邪悪な人々という印象を植えつけることになった。肝心のイルカの追い込み漁や、解体の場面は、あえて隠し撮りを強調し、とんでもない残酷なことが、ひそかに進行しているように描いた。これをめぐって、取材された漁師だけでなく、さまざまな団体が抗議を行い、なかには強硬に上映中止を呼びかける団体も現れた。議論は、日本と欧米の食文化の違い、隠し撮りの是非、表現の自由など多岐にわたった。2年後、NHKは、NHKスペシャル『クジラの町に生きる』(2011) を放送した。『ザ・コーヴ』では、モザイクがかけられ、怒りに震える漁師として登場した人々は、『クジラの町に生きる』では、すべて実名を公表し、常識のある漁業者として画面に現れた。彼らは、古くからの伝統にのっとり、クジラ（イルカとの区別はない）を大切に捕獲し、相互扶助のなかで生計を立てていた。この描き方の違いはあまりに大きい。少なくとも彼らは、暴力的でもなく、後ろめたいことをしているわけでもない。それが、隠し撮りを多用する『ザ・コーヴ』においては、突然日陰者として扱われるのだ。これは、どう考えればよいのだろうか。モザイクは本当に個人の人権を尊重することになるのだろうか。

　思えば、人間が他の動物の命をいただきながら暮らしている様子を、映像化することは、フラハティの時代から行われてきた。それは生きることを記録することと同義であった。しかし、一方で、動物の命を断つ場面は、現代人にとってタブー視され、残酷なものとされるようになった。人間が生きていくために、当たり前の行為にもかかわらず……。映像のなかで、動物が血を流して倒

れ、死んでいく姿を見るのはつらい。現代においては、ほとんどの人がそうだろう。人間が災害や戦場で傷つき、命を落とすことも同様である。しかし、なぜ、そうしたことが、今もくり返されるのか。そのメカニズムを理解してこそ、理性的な行為といえる。単に映像が残酷だという、条件反射的な反応を示すことは、知性の放棄である。映像を感覚ではなく、理性もフルに動員し、その意味や構造を読みとる。そのことが映像を享受する側にも求められている。映像には、死の現場に限らず、見ることがつらくなるものがいっぱい溢れている。それは、現実の世界がそのようなものだからだ。社会をよりよく理解するための道具として発達した写真や映像。せっかく進化したツールに背を向け、都合のよいものだけを見るのでは、あまりにもったいない。

(永田　浩三)

【参　考　文　献】

Bersam, Richard M., 1973, *Nonfiction Film : a Critical History*, Dutton.（＝1967, 伊藤逸平訳『世界の写真史』美術出版社.）

Gernsheim, Helmut, 1965, *A Concise History of Photography*, Thames and Hudson.（＝1984, 山谷哲夫・中野達司訳『ノンフィクション映像史』創樹社.）

森達也, 2005,『ドキュメンタリーは嘘をつく』草思社.

武蔵大学社会学部メディア社会学科編, 2007,『小川紳介の彼方へ』.

3 デジタル社会の
メディアプロデュースの可能性

0 はじめに

　放送のデジタル化、ネットやモバイル端末の普及等、デジタルメディアは社会の隅々にまで浸透し、人々のコミュニケーションやライフスタイルを大きく変えてきた。とくに重要な変化は、メディアリテラシーを身につけた学生を含む一般の市民が、さまざまなメディアを使いこなして必要な情報にアクセスし、それを読み解くことができるようになったこと、さらにみずからメディアを通して広く社会の不特定多数の人たちにメッセージを伝えることが物理的に可能になったことである。

　ただ、広く社会にメッセージを伝えることが可能になったとはいっても、誰にでも容易になったというわけではない。そこで求められるのは、市民がメディアをプロデュースするためのスキルである。

　マスメディアの現場では、業界によって呼び方は異なるが、プロデューサーという職種の人間がいて、メディア事業（サービス）やそこで流通するコンテンツ（モノ）のプロデュースを統括している。こうしたマネージメントの部分がうまく機能しないと、メディアを通して広く社会に情報発信することはできない。

　近年、多くのNPO/NGOやその中間支援組織にとって、市民活動を世の中に伝えるための情報発信力のアップは大きな課題となっており、そこで求められるのが市民メディアをプロデュースする人材である。このメディアプロデュースのノウハウは、実践を通してはじめて得られるもので、これまで大学のメディア教育のなかではなかなか学生がその経験値を蓄積する機会がなかった。だが2011年3月に起きた東日本大震災とその後の福島原発事故をめぐる社会状況において、今日、個々の市民やNPO/NGOによる市民メディアを活用した言

論活動は各地で盛り上がりを見せ、そのなかで学生による市民メディアのプロデュースの試みも各地で見られるようになった。

この章ではそうした学生による実践として、武蔵大学で社会学とメディアについて学ぶ学生有志が教員の協力を得て立ち上げた「学生による被災地支援のための市民メディアプロジェクト」の活動を紹介したい。そしてこのようなメディアプロデュースの実践が、今日の大学教育においてもつ意味や、今後、多くの大学に広まろうとしていることについて触れるなか、改めてデジタル社会のメディアプロデュースについて考えたい。

1　学生による被災地支援の市民メディア活動

1-1：最初は臨時災害放送局へのラジオ送付から

2011年3月11日に発生した東日本大震災は、東北地方の太平洋沿岸を中心に大規模な被害をもたらした。その後、被災地では多くの臨時災害放送局が立ち上がり、被災者に向けて復旧関連、および避難所での生活に必要な情報を提供する放送がスタートする。

ただ3月末から4月はじめの時点では、現地からの情報によると、被災した地域の多くにはコミュニティFM局がなく、また県域局の放送が中継設備の問題等で聴けないところもあることから、日常的にラジオを聴く習慣がなく、ラジオ自体を持っていない世帯が少なくないということだった。そのため筆者とその周辺の学生有志は、東京にいてできる被災地への支援活動として、学内で携帯ラジオを集め、電池、イヤホンとセットで被災地の臨時災害放送局に送り、そこで必要とする人たちに役立ててもらう活動を、春休み中に開始した。多くの義援金が公的な機関を通して集まったものの、被災地への分配がなかなか進まないなか、こうした直接現地で活動している個々の団体に必要なものを送る形での支援は、すぐに成果が上がると考えたからである。

このラジオを臨時災害放送局へ送る活動は、4月のゴールデンウイーク前には一段落した。またほかにも多くの市民やメーカーが寄贈したラジオが、5月

のゴールデンウイーク明けには、現地で必要な人に行き渡るようになった。

そして私たちが次に何か継続してできる活動はないか検討し、生まれたのが、教員や学生とネットワークのある複数の他大学を巻き込んで、そのサイトやキャンパス内のデジタルサイネージ(あるいは大学によってはエリアワンセグの実験局)等を有効に活用することだった。学生とその父母、卒業生、進学を希望する高校生等、対象は限定されるが数千人単位となる人たちに、被災地に関するさまざまな情報の提供と支援を呼びかける取り組みである。

1-2：大学コミュニティを対象にしたメディアの活用

大学コミュニティを対象にした市民メディア活動を構想したのには理由がある。当初は、多くの首都圏に住む学生やその父母にとって、マスメディアで報道される被災地のさまざまな情報を身近なものとして受け取り、みずからの被災地支援活動に結びつけていくのは、現地に身内や知人がいる等の事情がないとなかなか難しいのではないかと思われたからである。また特定のきっかけがないかぎり、その日常生活のなかで災害ボランティア活動に関わるNPOや被災地の地元メディアが直接発信する情報に触れる機会も、ほとんどないのでは、と想定したことがある。

そのため同じ大学を核としたコミュニティに所属する学生有志が仲介し、かれらが被災地で取材して生の言葉で伝える情報を、学生、父母、卒業生等の大学コミュニティの関係者が日常的に接している(その関係者に対して一定の影響力をもつ)大学のサイト、その他の学内メディアを通して伝えることは、一定の効果がある(実際に被災地支援について何かできることがあればやりたいと思っているけれども、きっかけがないので何もしていないマジョリティ層を、行動に駆り立てる訴求力がある)のではないかと思われた。

そして今後、震災とその後の原発事故の復興がかなり長期化することが予想されるなか、学生がたとえ不定期でも継続して被災地の情報をインタビューした映像やレポートを通して、所属する大学コミュニティ関係者に伝えることで、被災地への義援金、その他の支援が(できれば被災地で個々に活動しているNPOや地

元のメディアに直接届く形で）継続するしくみを、武蔵大学、およびできれば他の大学も巻き込んで立ち上げていけたらと考えた。

その最初のきっかけとして教員の方で、こうした活動に無理のない範囲で関わっていきたいと希望している学生有志を、被災地に案内して連れて行き、現地で復興に向けて取り組んでいる個々の当事者の方々とマッチングした。そして被災地からのメッセージを大学コミュニティのメンバーで共有するしくみをつくっていく取り組みがスタートした。さらに可能なら大学コミュニティに限定せず、大学の外に向けてもソーシャルメディアを含むさまざまなメディアを通して伝えていくことを構想した。

1-3：被災地での取材を通して

「学生による被災地支援のための市民メディアプロジェクト」では、2011年4月から12月までの間、ほぼ月に1回のペースで計8回の被災地取材を行った。第1回目は震災から1ヵ月ちょっと経った4月21日、22日に、宮城県名取市と仙台市を訪れた。そして社会福祉協議会が設置した災害ボランティアセンターの関係者とそこで災害ボランティア活動に取り組む全国各地から集まった学生を含むボランティアの人たち、そして被災者の方への取材を中心に行った。最初に名取市で災害ボランティアセンターを取材先として選んだのは、あらたに被災地にボランティア活動に出かけようとする学生に、災害ボランティア活動のしくみについて必要な情報を伝える記事や映像を制作したいと考えたからである。

また仙台市では津波で被災して何名もの入居者を失ったグループホームの代表の方にインタビューした。なおそうした被災者の方へのインタビューに際しては、それを映像に記録して不特定多数の人達に伝えることを前提に、事前に何を聞くべきかについて話し合いを行った。そしてその話し合いを通して「視聴者がさまざまな被災者の気持ちとその背景について知り、共有することが重要で、それによって今後の長期的な被災地支援に向けて、各自の関わり方が見えてくるのではないか」という認識をもつに至った。

このことをふまえて被災者の方全員に共通してうかがったのが、
① 震災のあった3月11日の出来事について、当日のみずからの行動をふり返り、その各場面で感じたこと
② 震災後の行政の対応や震災について報道したメディアについて思うこと
③ 震災に直面して、他の被災者の方や、あるいは被災地にさまざまな支援とともに届く応援メッセージの送り主等を含め、今、誰にどのようなメッセージを伝えたいのか

の3点である。

こうして取材した被災地の方のメッセージを記事や映像にまとめ、学内で紹介するだけでなく、市民記者によるニュースブログ「JanJanBlog」で発表したり、USTREAMを使って報告会を行ったり、さらには教員のつてで川崎市多摩区にある専修大学生田キャンパスの学内のエリアワンセグ局で配信してもらったりもした。

1-4：その後の取材対象やメディア露出の変化

4月の第1回目の被災地訪問では、震災からまだ日が浅いこともあり、あらたにボランティアに行く学生を主な対象に、災害ボランティア活動の詳細と被災者の方の生の声を伝えることを目的としたが、5月の第2回目からは、地域ごとの被災地の復興に向けたさまざまな取り組みについて伝えることに重点を置くようになっていった。それに伴い被災地で活動するNPO/NGOや、それらの協議会、中間支援組織、自治体、そして地元の人たちに復興に関する情報を伝える臨時災害放送局、ミニコミ、

図3-1　石巻市の牡鹿半島の災害復旧現場で取材する学生たち

地域 SNS 等を、主な取材先とするようになった。

　ちなみにこうした取材先のなかには、休日のアポ取りが難しい場合もあり、休日も含めて被災地を訪問する際は、学生はその前後の平日に主な取材を行い、休日は現地の災害ボランティアセンターに登録して、民家の泥出し作業等のボランティア活動を行ったりもした。

　5月に訪問した宮城県石巻市では、多くの学生が被災した石巻専修大学を訪れた。そして大学を挙げて地域の復興に取り組む教員、事務職員、そして同世代の学生から話をうかがったことが大きな刺激となり、取材した学生たちは被災地支援の市民メディア活動に継続して取り組む決意をあらたにした。

　もともと被災地支援の市民メディア活動に参加した学生有志は、必ずしもメディア表現のスキルに長けた学生ばかりではなかったが、徐々に被災地での取材やインタビュー映像の編集にも慣れ、夏休み明けからは大学コミュニティにとどまらず、取材した映像を全国各地のCATV局や市民が企画する上映会等に持ち込み、流してもらう活動をスタートさせていった。とくに被災地支援に取り組むさまざまな市民グループが協力して立ち上げた「いま私たち市民にできること」プロジェクトに学生たちが参加したこと、そこが企画運営する日本BS放送（BS11ch）の東日本大震災をテーマにしたパブリックアクセス番組枠で、かれらが制作した番組を全国放送するようになったことの意味は大きい。

　11月には「いま私たち市民にできること」プロジェクトで企画した福島原発事故の特集番組に参加し、（福島県出身者も含む）学生有志が警戒区域、計画的避難区域に隣接する福島県南相馬市の緊急時避難準備区域内

図3-2　福島県南相馬市で原発事故後の障害者の問題に取り組むNPOの代表にインタビューする学生たち

1　学生による被災地支援の市民メディア活動　　39

を訪れ、現地で放射能被害に直面する子どもたちの問題に取り組む市民グループへ取材を行った。それまでは主に岩手県、宮城県の津波で被災した地域での取材活動が中心だったが、この南相馬市での取材をきっかけに、2012年は福島原発事故の問題についても積極的に取り組む予定である。

❷ 大学における学生の市民メディア活動の位置づけ

2-1：背景となるデジタルメディア環境の拡大

このように「学生による被災地支援のための市民メディアプロジェクト」は、今日の個人が社会に向けてメッセージを伝えることを容易にしたデジタルメディア環境を活用し、当初の大学コミュニティ内での情報発信から、各地のCATV局や衛星放送を活用した不特定多数の人達を対象にするものへと拡大していった。

ちなみに一昔前の学生がこれと同様の社会問題をテーマに不特定多数を対象にした映像によるメッセージの発信を試みる場合、まず前提条件としてかれらが、大学の映画サークル等で自主制作映画を制作していて一定の映像制作スキルをもっていることが必要だった。そしてフィルムで撮影して作品に編集するためには、かなりの時間と費用がかかった。けれども今日、ビデオ機器は誰でも手軽に扱えるようになり、また撮影機材を貸し出す大学も増え、それを被災地に持っていって現地で取材した学生が、パソコンを使って比較的短期間で映像を編集できるようになっている。

それともう一つ重要なのが、そうして学生が制作した映像を配信する場が、既存の放送メディアのなかに限られた形ではあれ、生まれていることである。今回、学生が制作した番組を放送した鳥取県米子市の中海テレビ放送や奈良県の近鉄ケーブルネットワークは、（局によって名称は異なるが）いわゆるパブリックアクセスのチャンネル、または番組枠を持っている。このパブリックアクセスとは、一般の市民が社会の不特定多数の人達に伝えたいメッセージを、みずから番組にして放送することで、市民のパブリックな言論空間を放送のなかで実

現する試みである。

　日本では、政府、自治体等が保障する制度としてのパブリックアクセスは存在しないが、放送事業者みずからが保障する形で、放送事業者による番組の編集権を（放送法に反しない限り）行使しないパブリックアクセスチャンネルや番組枠を設置しているCATV局は、2000年以降、数は少ないながらも各地に登場するようになった。この背景として、90年代後半に衛星デジタル放送がスタートし、多チャンネル放送がCATVだけではなくなるなか、CATVが衛星デジタル放送に対抗していくために、一部のCATV局では地域密着を図るための手段として、パブリックアクセスの導入による放送への市民参加が実現したという事情がある。さらに近年では放送そのものが、ネットによる映像配信との競合にさらされており、そうしたデジタル社会の急速な変化が、今回、日本BS放送（BS11ch）が東日本大震災をテーマにしたパブリックアクセス番組枠を設け、それを被災地支援に取り組む市民グループに委ねることへとつながっていったのではないだろうか。

2-2：従来の大学教育が抱えていた課題の克服

　一方、デジタルメディア環境の拡大は、大学教育の現場にも大きな影響を与えた。

　社会学部をはじめとした社会科学系の分野では、これまで学生が社会のしくみを理解する能力を育むことに重点を置いた教育が行われてきたように思う。ただ社会のしくみを理解する能力を身につけても、それだけでは学生が社会に対して主体的に情報発信し、働きかけていくことはできないと考える。というのも従来の指導教授との間の試験やレポート提出によるパーソナルなコミュニケーション、あるいはゼミの場で顔見知りの学生仲間相手に発表するグループ内でのコミュニケーションだけでは、学生が社会に向けてみずからのメッセージを伝えるのに必要な能力はなかなか身につかないのではないかと著者には思えるからである。

　そうしたなかで個人が社会に向けてメッセージを伝えることを容易にした今

日のデジタルメディアの環境は、社会のしくみを理解するためのフィールドワークによるメディアリテラシー教育を通してメディア表現のスキルを学んだ学生にとって、不特定多数の人たちとのパブリックなコミュニケーションを実現する実践活動に取り組む大きな動機づけとなる。

　そして大学教育のあり方自体、こうした潮流を強く後押しする方向へとシフトしようとしている。メディアリテラシー教育のなかで、テキスト、音声、映像等のメディアを通して不特定多数の他者とコミュニケーションする能力を身につけることは、とくに重視されるようになってきている。実際、ここ数年の間に、大学の教室という場を離れ、学生にフィールドワークやメディアをプロデュースする経験を積ませる取り組みを、筆者の周囲の多くの大学の教員が、個別に実践するようになってきている。

　その際に1つ共通して大きな課題となるのが、大学教育の場での学生のメディアプロデュースに対する教員の関わり方だろう。「学生による被災地支援のための市民メディアプロジェクト」の場合、学生有志によるメディアプロデュースの取り組みを、教員、その他の卒業生を含む社会人がサポートする形となっている。被災地支援の市民メディア活動に携わる学生にとってもっとも敷居が高いのが、被災地における取材先とのアポ取りと、制作した映像等を持ち込んで配信してもらうメディアとのコネクションづくりである。この取材先、および配信先とのマッチングというメディアプロデュースにおいてもっとも重要な部分について、これまでは教員が表に出てサポートし、取材したことを伝えるコンテンツのディレクションの部分については、(放送局からのクオリティコントロールが求められる場合を除いて) 全面的に学生に委ねてきた。将来的にはこうしたプロデューサーの仕事についてもすべて学生がこなせるよう、徐々に経験を積んだ学生に移管していく予定である。

　プロジェクトの取り組みがマスメディアでも何度か紹介されるなか、プロジェクトに関わる学生の話を聞きたいというオファーも届くようになり、その対応はすでに学生が取り仕切って、地元自治体の防災イベントでの報告や中学校での模擬授業等を行っている。またメディアプロデュースにおいて重要なのが

活動資金の確保だが、この点についても学生たちは大学からの支援以外、独自にさまざまな助成金の申請書を書くなどしてファンドレイジングに取り組んだ結果、2012年度は数十万円の外部資金を獲得した。

3 震災と原発事故をきっかけにした市民メディアの広がり

3-1：存在感を増したソーシャルメディア

これまでデジタル社会のメディアプロデュースのあらたな担い手となる若い世代が、大学の場で育ちつつあることを、「学生による被災地支援の市民メディアプロジェクト」の事例をもとに紹介した。そして全国各地でも東日本大震災と福島原発事故をきっかけに、こうした市民メディア活動が、一般の市民の手で活発に展開されるようになった。

たとえば宮城県を中心としたブロック紙を発行する河北新報社が運営している「ふらっと」は、東北地方で最大規模の地域SNSで、東北に縁のある首都圏在住者も数多く会員になっている。こちらは東日本大震災以降、地元のマスメディアよりも早く震災に関するさまざまな情報が、被災地の市民や河北新報の記者によって配信され、多くの人々がそこから必要な情報を入手した。また福島原発事故については、事故発生後に東京電力、経済産業省原子力安全・保安院、原子力安全委員会等の記者会見が、個人で活動するフリーのジャーナリストの手によって、ブログやTwitter等のソーシャルメディアを通して報道された。とくに記者会見の場での質問内容や記事の切り口は、既存のマスメディアにはない鋭いものが多数あり、マスメディアの報道に納得しない多くの人の支持を集め、その影響力はかなり大きなものとなった。

こうした従来のマスメディアによるマスを対象としたコミュニケーションとは別の、また顔の見える相手を対象にしたパーソナルなコミュニケーションとも別の、ある意味でマスメディアがこれまでその情報ニーズを十分にカバーできなかった、社会のなかのさまざまなコミュニティに属する不特定多数の人たちを対象にしたパブリックなコミュニケーションの領域の拡大が、デジタル社

会におけるメディアコミュニケーションの潮流である。そして東日本大震災と福島原発事故という未曾有の災害によって、既存のマスメディアの抱えるさまざまな問題が露呈したなか、市民メディアを活用した（メディア企業ではなく）個人が担い手となるパブリックコミュニケーションが、注目を集めることとなった。

3-2：被災地で活躍した旧来型メディア

東日本大震災と福島原発事故でネットのソーシャルメディアは大きな注目を集めたが、ただ被災地ではそうしたネット系メディア以上に被災した人たちにとって役立ったのが、臨時災害放送局やミニコミ等のいわゆる旧来型のアナログメディアである。

岩手県、宮城県、福島県、茨城県の4県では、震災後、中継局を除いて28局の臨時災害放送局が誕生し、被災した人たちに必要な情報を、ラジオを通して伝えた。この臨時災害放送局は、大規模な災害が発生した際、被災した地域に災害関連情報を伝える目的で開設されるもので、免許主体は自治体となる。ただ地元にもともとコミュニティFM局のある自治体ではそこに委託し、臨時災害放送局として出力をアップしての放送が行われるが、今回の被災地では、コミュニティFM局のない自治体が多かったため、それらの自治体の職員（あるいはあらたに局のスタッフとして地元の市民のなかから採用された臨時職員）や市民のボランティアが、他の地域の放送局等の支援を受けて、独自に臨時災害放送局を開局した。

津波によりもっとも被害の大きかった太平洋岸の自治体の多くが臨時災害放送局を立ち上げたのは、高齢者人口の比率が全国平均よりも高く、ネットの普及率が低いといった事情を抱えるなか、回線網に依存せずに演奏所と送信所があれば無線で放送することができ、また受信機さえあれば誰でも聴くことのできるメディアだからである。そしてそこでは多くの市民が臨時災害放送局のスタッフとして、市民メディアに近い形で復興に向けた情報の伝達に取り組んでいる。

またこうしたラジオ以上に迅速に震災後の被災地での情報伝達に寄与したのが、紙媒体である。震災後の停電で輪転機が使えないなか、岩手県大船渡市の東海新報は、カラーコピー機でコピーした号外を避難所で配布した。宮城県気仙沼市の三陸新報も、パソコンのプリンタでプリントした号外を、避難所で配布した。さらに宮城県石巻市の石巻日日新聞は、ロール紙にマジックペンで手書きで記事を書いた壁新聞の号外を、避難所に貼り出した。
　震災直後からしばらくの間、被災地でみずからも被災したローカル紙では、こうしたミニコミのようなスタイルで新聞発行を続けたが、それとともに被災地で復興に携わるNPOや個人も、もっとも手軽に制作可能な紙媒体のミニコミを通して、被災者に必要な情報を伝えている。岩手県気仙地域（大船渡市、陸前高田市、住田町）で気仙市民復興連絡会が発行する『復興ニュース』、宮城県気仙沼市で藤田新聞店が発行する『ふれあい交差点』等は、新聞が十分にカバーできない地域の情報を伝える役割を果たしている。
　今日、デジタルメディアは広く普及したとはいっても、まだそれを活用できない人は少なからず存在し、また大規模災害時においては旧来型のアナログメディアの手軽さが、迅速な情報伝達において大きな意味をもつ可能性がある。このように市民メディア活動の現場では、デジタル、アナログといったメディアの形式ではなく、必要な人に必要な情報をいかに的確に届けるかが重要である。

❹　あらためてデジタル社会のメディアプロデュースとは

　デジタル社会の大きな特徴は、かつてのようにプロのマスコミ業界人に限らず、一般市民の誰もが社会へ向けて情報発信者となれる点である。そうしたなかで大学のメディア関連の学部学科は、どのような役割を担っていくのだろうか。
　少なくともマスコミ業界の職業人養成を主な目的としないことは明らかである。実際に多くの中堅以上の大学のメディア系学部学科で、新聞、出版、放送

のようないわゆるマスコミ業界に進む学生は、ごく一部であり、IT、その他の広い意味でのメディア関連業界を入れてもそれほど多くはない。マスコミ業界自体が狭き門ということもあり、多くの学生はメディアとは直接関係のない職場に就職している。

だが大学でのメディア教育の主な目的を、メディア関連の仕事を生業とする職業人を育てることではなく、デジタル社会におけるあらたな市民メディアの担い手を育てることに置くならば、それは非常に大きな意味をもつ。

伝統的にマスコミ業界では、配属された職場でのOJTで新入社員の養成が行われるため、具体的な仕事に関するスキルを学生時代に身につけることは求められず、むしろそれぞれの学部学科での専門領域についてしっかり勉強していることを期待されるが、逆に市民メディアの領域では、学生時代にメディアをプロデュースした経験がある人は、貴重な即戦力となる。というのも本業の仕事で忙しい社会人が、その合間に1からWebや紙媒体、音声・映像番組の編集のスキルを身につけるのはかなり敷居が高く、一方、学生時代に個々のコンテンツ制作のスキルを習得していれば必要な時にみずから市民メディアを立ち上げて情報発信者となることが容易だからである。とくに今回の震災のような大規模災害時において、そのスキルは必ず役立つはずである。

これからのデジタル社会を生きる若い世代にとって、学生時代のメディアプロデュースの経験やスキルは、市民メディア活動を通して社会貢献するために不可欠な要件となる。ぜひ多くの学生が、震災と原発事故後のさまざまな問題を抱えた日本社会でどう生きるのか（キャリアデザイン）を考えるなか、みずからの生き方と結びつけてメディアプロデュースの経験とそのスキルを身につけてほしい。

（松本　恭幸）

4 広告と
メディアプロデュース

0 はじめに

　日々の暮らしのなかには、あらゆる広告が流れている。生活空間の隅々にまで存在している広告は、多様なメッセージを発している。企業の商品やサービスの伝達はもちろんのこと、大学の学生募集、政治団体の広告、行政の政策キャンペーン、宗教団体の布教広告など、実に多種多様であり、営利組織から非営利組織、個人、国家や国際機関までと幅広い。では、いったい何をもって広告というのだろうか。

1 広告とは何か

　世界でもっとも広告産業の規模が大きいアメリカをみると、アメリカ・マーケティング協会では広告を次のように定義している。

> 製品、サービス、組織、または意見を、市場の特定の人々や聴衆へ、企業・非営利団体、政府機関・個人が、有料のマスメディアを通じて、情報伝達、または説得を目的にメッセージを展開する活動である。(AMA)

　日本でも、広告は「明示された広告主によるアイディア、商品、もしくはサービスについての有料形態の非人的提示および促進活動である」(清水 2007：4)とされる。いずれも、メディアへの有料の広告という経済活動の側面が重要な条件としてあげられている。広告は、基本的には経済活動として成立するのである。広告の原義をアメリカに求める日本の流れは、マーケティングという販売促進の計画管理方法を構築した方式が、戦後日本に輸入されたという背景も

あり、アメリカのマーケティング論の影響とは無縁ではない。広告の原点とは、販売促進なのである。

そして広告活動を行うには、以下にあげた5つの要素が不可欠である。
① 非人的媒体で料金の支払いを通じて実施しているか。
② 伝えたい内容が、明示されているか。
③ 広告活動を通じて、達成すべき目的があるか。
④ 広告主の明示がなされているか。
⑤ 対象者が明確であるか。

広告を考える際には、経済的視点、マーケティング的視点、社会的視点、文化的視点がある。日本の広告宣伝費は、5兆7096億円（2011年電通算定）に達しており、景気の好不況で前後するものの、GDP比1.22％であり、依然として、経済的な規模は大きい。なかでも、インターネット広告は、近年、急速に伸びており、総広告宣伝費の14.1％を占めるまでになった。社会性が高いとされていたインターネット情報空間も、あらゆる手法の広告情報が日進月歩で、展開されている。歴史を振り返れば、メディアの形態や形状の変化に応じ、それに対応した形式の広告が誕生してきた。広告という活動は、自由経済市場の社会では、メディアの形態変化とともに、常に経済行為として継続し続けるといえる。

❷ 広告とプロデュース

経済が安定成長の軌道にあった消費文化の隆盛時においては、広告は商品の認知訴求を中心にしたものが多く、印象、イメージ表現のプロデュースが主体となり影響力を放っていた。しかし、近年、市場が飽和した時代に入り、潜在需要を喚起しなければ、モノやサービスは売れなくなってきた。そして、今日の経済環境のなかでは、広告活動は、きめ細かい全体の計画を必要とし、目的と成果について科学的な管理がされるようになった。消費者研究やメディア分析を深め、全体の戦略やプロデュースを統合的に推進する統合型マーケティン

グコミュニケーション（Integrated Marketing Communication＝IMC）という方法が普及し、全体像のなかで、広告表現のプロデュースも考えられるようになっている。

　マーケティングの古典的な原則は AIDMA（Attention, Interest, Desire, Memory, Action）といわれてきた。この広告効果の階層モデルは 19 世紀末にセールスの経験則から作られたものが原点とされている。広告接触により消費者の注意を惹きつけ認知させ、興味を起こし、欲望を喚起し、記憶をさせて、購買行動に導くという広告計画の法則である。単純でわかりやすいゆえにこのモデルを基本にしてその時代時代に改良を加えられた法則が開発されてきた。

　1960 年代にはダグマー（DAGMAR）と呼ばれるモデルが開発された。これは目標による広告管理のモデルと呼ばれ、アメリカ産業界に科学的な広告管理手法を提案したと評価された。ダグマーとは"Defining Advertising Goals For Measured Advertising Results"の略語である。未知の状態の消費者に、広告により商品名の認知を行い、商品の特性を理解させ、広告コミュニケーションにより確信を高めていき、購買行為で完結するという 5 つの段階的なアプローチの理論である。この未知の状態から、認知、理解、確信、行為へと導く 5 段階のプロセスをコミュニケーション・スペクトラムとしている。このしくみは 5 つの段階にそれぞれ中間目標を設け、その効果の測定で広告計画の全体を管理していくことを意図した。

　昨今のインターネットの普及は、人々が消費生活の情報を自由に交信しあう社会の環境を作った。そこでは、広告の真実性も即座に検証されてしまう。また、人々は広告に依存しないで、みずからに必要な商品を探し出し、その特性や使用結果の体験情報をインターネット上で取得することができる。消費者と供給側との情報における非対称性は変わったのである。そして消費者保護法が、消費者基本法に改正されたことに象徴されるように、消費者は保護すべき弱者から、自立した主体に変わった。では消費者にどのような広告を発信すべきなのか。近年電通の研究者により AISAS 型と呼ばれる消費者の情報行動を前提にした新しいモデルが開発された。それは Attention-Interest-Search-Action-

Shareの頭文字であり、消費者が商品についてインターネットでサーチ、情報収集し、比較検討の上、判断をし、購買行動に至る、というモデルである。つまり商品の使用経験をインターネット上で情報発信し、それらが人々と共有する情報として伝幡されほかの消費者の判断の情報源となっていく。消費者の情報行動を織り込み、統合的マーケティング・コミュニケーションとして、広告はプロデュースされていくのである。広告とは、まさに説得であり、説得の工学というプロデュース技術が精緻化されたコミュニケーションプログラムが、時代の進展とともに開発されてきた。

③ 広告表現を読み解く

広告表現は、映像、画像、音声とテキストなどの要素から構成される。提示されている広告制作物をどのように見るか、どのように理解するかは、プロデュースを行う側からは、独立して、ひとつの文化的行為となる。テレビCM、ポスターや印刷物、ネット上の広告は、われわれの目を楽しませ、話題を提供し、経済的な意図とは離れて、あらたな文脈による情報を運ぶ文化メディアでもある。広告を社会的な位相から、読み解く時、記号という観点からのアプローチがなされてきた。

フランスの社会評論家のロラン・バルト（Barthes, R.）がイタリアの食品メーカー・パンザーニ社の広告を

図4-1　イタリアの食品会社パンザーニの広告
（バルト 2005）

読み解いた著名な事例がある（図4-1）。

バルトによれば、広告表現においては、イメージの意味する作用は意図的だという（Barthes 1964）。だとすれば、その広告のプロデュースは目的を達成しているといえるのだが、バルトが実際どのようにプロデュース側の意図を読み解くのかは、映像にこだわるバルトの記号の理論体系をみる必要がある。彼は当時フランスで提示されたパンザーニ社のパスタの広告をもとに、記号の構造が隠されていることを読み解いている。

フランス人がこのイタリア食品のメーカーの広告を見る時、広告写真の素材の色や種類から、"イタリア性"やメーカーのサービス提供についての企業姿勢を読み解いている。バルトはこれを、字義的メッセージとしている。さらに、広告写真の美的完成度の高さも記号であると読み、第二の意味作用があることを明らかにしている。単純とも思えるパスタの広告に、4つもの記号が、階層的に連関的に含まれていると解きあかし、そのなかで、広告の記号としての分析は、言語的メッセージ、字義的イメージとしての外示的イメージ、象徴的イメージとしての共示的イメージとなることを説いている。

バルトはとくに「言語は聴覚映像の貯蓄」と主張し、示された言語から、概念と聴覚映像の関係を記号として明らかにすることに取り組んだ。記号には隠された神話が潜んでいるとし、広告、映画や音楽、多様な領域の象徴的な事物を研究対象として、人間と社会のメッセージを読み解いた。とくに、ロラン・バルトは、映像によって意味のメッセージがどのような広がりや影響をもたらすのかという文脈から、記号の隠された意味作用を指摘した。

4　消費社会における広告と記号

現代社会における広告とイメージとの関係は、モノを消費する行為自体がイメージと結びついているため、イメージを創出することを根源的な目的とした広告表現が行われる。イメージ（image）とは、心的表象であり、実物に似た姿、面影の意味も成し、ラテン語の imago（イマーゴ）を語源に持ち、imitāri（イミト

ル）という模倣するいう語とも関連している。つまり、実物に似ている像を心のなかに生み出すことで、広告は見る人とのコミュニケーションを成立させる。たとえば、伝統銘柄にこだわるワイングラスを購入しようとすると、ガラス製のワイングラスならば、どれでも良いかというと、そうではない。ガラス職人が昔から守り続けている製法で作成したワイングラス、そこにこめられた物語、繊細で洗練された形状など、ワイングラスが所有する精神的世界、比喩的表現であるところの広告が創るイメージを一緒に消費しているのである。そのグラスの昔からの工房の名前が現代は、ブランド化され、さらにブランドという記号を消費する。ボードリヤール（1979）は、それを「記号の消費」と呼ぶ。衣食住が一定程度満たされている社会において、商品は使用価値を超え、その物が持つ記号を消費することによる記号的価値が求められるようになる。

　私たちの日常生活における買い物は、他人と異なる差異化された服なり、食べ物なりを選ぶような行動へと変化している。消費社会における豊かさとは寒いから服を買うという使用価値ではなく、服それ自体が有している意味、モノの「意味の消費」によって得られる満足感を確かめることであるともいえる。たとえば、ファッション、洋服の広告表現では、事細かに、生地の素材や、性能を訴えるよりも、その服を着ている人に対して社会がもっている期待や評価の社会的イメージが利用され、商品そのもののイメージに結びつけられている。洋服でいえば、ブランド商品というものが代表といえよう。社会のなかで共有されたテクストを用いて、そのブランドへのイメージを創造する。よく指摘されることであるが、フランスでは、ルイ・ヴィトンのハンドバッグを手に持つ事は、ある経済階層に属することの意味の発信になるが、日本で、20歳代の若い女性たちがルイ・ヴィトンのバッグを持って繁華街を歩くことはまったく意味が異なる。エーコ（Eco, U.）によれば、「記号とは、既に成立している社会的慣習に基づいて何か他のものの代わりをするもの」としている。広告の文化的機能の問題は、国や民族、集団のもっている社会が作り出した価値観や文化体系によって異なる。したがって、当然、発信される記号もその解釈は社会集団により変わっていく。

広告において、イメージと説得という機能は広告表現の生命であるともいえる。ジャン・ボードリヤール（Baudrillard, J.）は、消費社会との関係で広告を記号として読み解いた。現代は、人間が物の消費現象に集中している社会であり、しかし、それは「消費される物になるためには、物は記号にならなくてはならない」（Baudrillard 1968：246）のであり、物を越えて、物がもつその背景の意味に夢中になっている時代であるかぎり続く。広告の記号を読み解く上では、消費が背景としての条件となり、消費はその集団や国のもつ文化や価値観と関わる活動であり、日常の生活文化を創り出す体系の基礎となっているのである。

　　広告は、事物の生産と直接的な使用においては何の役にも立たない。そしてそれにもかかわらず、広告は物の体系のなかにすっかり入っている。それは広告が消費を扱うからだけではなく、広告がふたたび消費される物になっているからである。広告が物についての言説であり、また物そのものでもあるという、この二つの規定を区別しなくてはならない。そして広告が文化的な物として消費されうるようになるのは、それが役に立たず非本質的な言説である限りにおいてである。だから広告は、あらかじめ物のレヴェルで分析された体系の全体である。
　　（Baudrillard 1968：204）

　広告を読み解く作法を、ボードリヤールに学べば、広告は物の価値体系のもっとも上位概念にあるということである。

❺　広告コミュニケーションと神話

　世界中で飲み続けられているコカ・コーラという清涼飲料水の広告イメージと記号のかかわりをここで考えてみよう。コカ・コーラが、日本で一般的に売られるようになったのは戦後以降である。敗戦国日本ではアメリカの豊かな消費生活がテレビドラマや輸入商品を通じて紹介され、洗練された食べ物や高級な嗜好品、ライフスタイルが多くの人々の憧れを呼んだ。コカ・コーラは炭酸飲料であり、日本人には馴染みのない不思議な味であったが、アメリカの消費生活

の象徴として、飲むこと自体が、カッコ良い行為として認知されていく。やがて、1962年から、日本でのテレビCMが開始され始め、1966年には「スカッとさわやかコカ・コーラ」というキャッチフレーズが創られ、さらに「コークと呼ぼうコカ・コーラ」という親近感を持たせる、キャッチフレーズも加えられた。

　1970年代は、このキャッチフレーズを原点として、コカ・コーラは"さわやか"という世界観を創ることに向かって、広告イメージ構築に突き進む。テレビ、ラジオ、ポスターと、あらゆるメディアへ広告表現を展開した。さわやかインフォメーション・システムという広報と広告宣伝、流通を有機的につなげたブランド浸透の構造化も進めた。オピニオン・リーダー向けには、「爽やか」という表題の広報誌を作成し、コカ・コーラの販売・配達をする全国の酒販店経由で、女性顧客には「さわやか奥さん」という生活情報誌提供など、出版物を組み合わせ、コカ・コーラに携わる人々すべてに"さわやか"という記号を送り続けた。

　商品のコカ・コーラは、戦略通りに人々へ受容され、好感度の高い、新しい清涼飲料水として人気を博し、瞬く間にその消費は増加していった。コカ・コーラの「さわやか」イメージの訴求は、日本中くまなく広がり、その商品認知と理解は定着した。年度ごとに、キャッチフレーズの字句の表現に多少の変化はあるが、2006年には、再び「Coke, please!、スカッとさわやかコカ・コーラ」というキャッチフレーズを中心に据えている。コカ・コーラの商品展開と広告表現は、世界の神話とも評され、完璧なまでのイメージ管理が成されてきた。

　コカ・コーラの広告例をその文化的機能と、記号論としての視点で考えてみよう。コカ・コーラのテレビCM映像とグラフィックの広

図4-2　時空を超えるブランド、コカ・コーラの伝説的なボトル
（日本コカ・コーラのHP「コカ・コーラの歴史」）

告表現を遡ってみてみると、青い空や広い海、豊かな川の流れ、美しい清流といった、自然の景観を背景に構成されることが多い。そして製作プロセスでは、透明感の高い、澄明な空気感が画像から伝わるような写真や映像の撮影ディレクションが現場でなされ、広告接触をした人は"さわやか"であるとの視覚イメージを抱き、感じた爽快感を記号として記憶する。このように、イメージを写真や映像という視覚的テクストで表現することに、徹底し、文字テクストは、ヘッドコピーとしての「スカッとさわやか」である。そして大量のCMでは「スカッとさわやか♪」の音楽とともにCMソングが放たれた。

　起用されるタレントは若さと清潔感に溢れる人物であり、撮影のシチュエーションは青い空、海や川など。コカ・コーラの味や飲みごたえは一切伝えられていないが、空や海、川、雪山などのスポーツシーンの映像のあとに、コカ・コーラの瓶と、「スカッとさわやかコカ・コーラ」というCMソングが流れてくることにより、コカ・コーラはさわやかな味、喉越しという理解が成立し、記憶される。繰り返しそれらの広告表現を見ることにより、事細かにコカ・コーラの特徴、成分の説明はなくとも、コカ・コーラという清涼飲料水に対する評価は確信となっていく。「さわやか」という言葉は、さっぱりして気持ちがよい、すがすがしく快い、気分のはればれしいという意味を持つことから、あたかも自分自身の五感が、そうした状態に置かれることをイメージする。商品の性格を伝えるのは選び抜かれた写真と映像による視覚テクスト、文字と音声によるテクストだけである。味を伝えるのは、受け手の感性に訴えるコピーでしかない。「スカットさわやか」と伝えることにより、コカ・コーラの味を感覚的に想像してもらうことを狙いにしている。

　コカ・コーラのCMには、美しくダイナミックな自然をとらえた映像を楽しむ、娯楽性の機能も含まれている。また、著名な俳優やタレントを使うことにより、CMそのものが話題になる話題提供機能も含まれている。また、CMのなかで繰り広げられるスポーツは、洗練されているスポーツとして演出され、憧れを呼び、週末にそうしたスポーツをすることは、「かっこいい」という評価を作り出し、差異化への願望も促す。こうした社会的価値を提供する機能も含

む。

　CMは、注意を喚起し、興味を起こさせ、機会があれば飲んでみたいと欲望の態度を促し、記憶させる。そして、購買に至る。こうした一連の消費者の態度変容を目指し、高額の広告予算を投じ、あらゆるメディアのミックスを行い、時系列的に広告を展開していくことが神話の創造につながる。

　映像、音楽、コピーが精緻に組み立てられたコカ・コーラのCMは、企画、構成、撮影、編集等の各プロセスで極めて高い品質管理がなされている。コカ・コーラのCMは、コカ・コーラ・ブランドを創造することが重要な使命であり、あらゆる広告活動を、その1点に収束させ、統治している。コカ・コーラの味やイメージは人々にとって、「さわやか」な記号として、長年にわたり定着していったという歴史がある。

　記号とは、人間が何かを伝えるために作り出したものである。ここでは、コカ・コーラが「さわやかな味」という意味を備えた記号を作り出したことになる。記号とは、「意味するもの」(Signifiant)、と「意味されるもの」(Signifié)の組み合わせで成立している。コカ・コーラの例でいえば、空や海の表現が「意味するもの」である。一般に社会のなかで、青い海原でヨットを走らせていることは、爽快感につながると解釈をされる。社会的に多くの人が、理解できる「意味するもの」と「意味されるもの」が成立する組み合わせは、「デノテーション」といい、外示的意味の表示義として位置づけられる。しかし、ヨットという遊びは、誰もができるわけではない。お金がかかるスポーツである。ヨットという記号のなかには、「洗練された富裕な人の遊び」で、一般の人が憧れる、という別の意味も含まれる。コカ・コーラを飲む生活は洗練されているという意味の発信にもなっている。この記号のつながりを「コノテーション」と呼び、共示義と位置づける。ヨットは、爽快なスポーツであるというデノテーションと同時に、「洗練された遊び」であるというコノテーショ

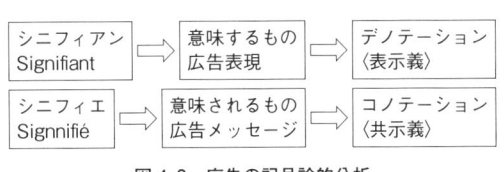

図4-3　広告の記号論的分析

ンという、もう一つの意味も生じさせ、意味の層化がなされている（図4-3）。

　日本コカ・コーラ社は、「スカッとさわやかコカ・コーラ」という、このコピー自体を商標登録しており、広告コピーの知的所有権をも確保している（第1620406号：1962年-1969年）。消費社会の象徴のひとつであるアメリカ発のコカ・コーラの記号は世界中に通用する記号となっていくのである。

　広告のプロデュースと広告を社会的な文脈で読み解くことは、表裏の関係であるが、いずれも、人間社会の実相に迫るメディアと、広告の関係をあらためて検証する有効な活動でもある。

（江上　節子）

【参 考 文 献】

青木貞茂, 2003,「ブランド広告の理論」津金澤聡廣・佐藤卓巳編著『広報・広告・プロパガンダ』ミネルヴァ書房.

Barthes, Roland, 1964, *Rhetorique du l 'image in COMMNUICATIONS*, N04.（＝2005, 蓮實重彦・杉本紀子訳『映像の修辞学』筑摩書房.）

Baudrillard, Jean, 1968, *Le systeme des objects*, Gallimard.（＝1980, 宇波彰訳『物の体系』法政大学出版局.）

Baudrillard, Jean, 1970, *La Societe de consummation, Ses mythes, Ses structures*, Gallimard.（＝1979, 今村仁司・塚原史訳『消費社会の神話と構造』紀伊国屋書店.）

Baudrillard, Jean, 1976, *L 'Echange Symboliue et La Mort*.（＝1982, 今村仁司・塚原史訳『象徴交換と死』筑摩書房.）

Eco, Umberto, 1976, *A Theory of Semiotics*.（＝1980, 池上嘉彦訳『記号論I』, 岩波書店.）

Ferdinand de Saussure, 1916, *Cours de Linguistique Generale*.（＝1940, 小林英夫訳『一般言語学講義』岩波書店.）

Guiraud, Pierrer, 1971, *La Semiologie*.（＝1972, 佐藤信夫訳『記号学―意味作用とコミュニケイション』白水社.）

星野克美・岡本慶一・稲増龍夫・紺野登・青木貞茂, 1985『記号化社会の消費』HBJ出版局.

石田英敬, 2003『記号の知／メディアの知――日常生活批判のためのレッスン』東京大学出版会.

河野昭三・村山貴俊, 1997『神話のマネジメント』まほろば書房.

小宮山恵三郎，2005「広告のコミュニケーション機能とメディア」竹内郁郎他編著『メディア・コミュニケーション論 II』北樹出版.
McLuhan, Marshall, 1964, *Understanding media : the extensions of man*, (=1967, 後藤和彦，高儀進訳『人間拡張の原理——メディアの理解』竹内書店.)
Marketingpower.com, American Marketing Association ホームページ記載, Resource Library Dictionary.
難波功士，2000『「広告」への社会学』世界思想社.
日本コカ・コーラ「コカ・コーラの歴史」，日本コカ・コーラホームページ（2012年12月6日取得, http://www.cocacola.co.jp/history/）
嶋村和恵監修，2009『新しい広告』電通.
清水公一，1989『広告の理論と戦略』創成社.
Packard, Vance, 1957, *The Hidden Persuaders*, David McKay Co.（=1957, 林周二訳『かくれた説得者』ダイヤモンド社.）

5 ネットコミュニティの
プロデュース

0 はじめに

　ネットコミュニティのプロデュース方法について体系だった議論をするという機会はあまり存在していない。どちらかといえば、ネットコミュニティの管理運営に携わる人々が、現場の知見をもとに独自に方法論を編み出していったり、あるいは、口伝えに手法が広がっていったり、学術的興味の対象というよりも、ある種職人的技術の世界に閉じてしまっているテーマである。しかしながら、それらの方法論が正しいのか否か、学術的な取り組みをもとに明らかにしていってほしいというニーズは実は多く存在する。私自身、何度か、著名な子ども向けネットコミュニティの安全管理を行う責任者からそうした問題意識をぶつけられたり、ネットコミュニティの議論を行政経営に活かしていきたいという職員から相談を受けたり、といった機会が存在している。

　筆者自身は、1990年代に当時のネットコミュニティの花形であったパソコン通信 NIFTY-Serve においてネットコミュニティの管理者である SysOp[1] という立場を経験し、その後、複数の地方自治体等の行政組織において、ネットコミュニティ運営の現場に入り、直接の対応や助言をするような立場を経験してきた。研究者としての軸足をもちながら、こうした現場のあり方に接する機会に恵まれたことは思いがけない幸運であり、そうした経験をふまえ、ネットコミュニティのプロデュースという行為について、入門的な位置づけの内容について論じていきたいと思う。

1 ネットコミュニティとは何か

1-1：ネットコミュニティ概念の形成過程

では、そもそもネットコミュニティの定義とはどのようなものであろうか。実は明確な定義が存在するわけではない。それどころか「ネットコミュニティ」という用語すら、正しい定着した用語というわけではない。古くはフォーラムコミュニケーションと呼ばれたり、オンラインコミュニティや Web Based Community と呼ばれたり、果ては、社会的な（あるいは経済的な対象としてネットワークを見るような人々の）要請により、Consumer Generated Media（CGM）と呼ばれたり、ソーシャルメディアという用語が類似概念を表すものとして使われたり、さまざまな用語が存在する。筆者自身は、今日的ソーシャルメディアと呼ばれる概念が、いわゆるネットコミュニティと定義を同じくするものとは考えておらず、その定義については慎重に議論すべきものと考えているが、現実はあくまでもそれぞれの語のもつ「語感」をもとに、使用者が勝手に定義を思い浮かべているという状況がある。そうした意味では学術用語としては練られていない語であると考えてもよいだろう。

しかしながら、この語の示す概念については、1980 年代にパソコン通信サービスが開始され、不特定多数の人々がネットワーク上でテキストメッセージを用いてコミュニケーションを開始して以降、比較的早い段階で使い始められたように考えられる。たとえば、会津は彼の訳書『バーチャルコミュニティ』の解説のなかで 1987 年の大分におけるコアラ[2]のフォーラムでの議論について「この時の電子会議では、『ネットワーク・コミュニティ』へ期待が熱っぽく語られた。『バーチャル・コミュニティ』という言葉こそ使わなかったものの、ほとんど同一の考えだった」と語っている。このことは、創成期のパソコン通信のユーザーたちが、電子会議室という場において情報交換する行為のなかに共同体的な要素を感じとっていたことをまさに示しているといえるだろう。しかしながら 80 年代後半はパソコン通信のユーザーそのものの広がりは非常に小さなもので限定されていた状況であり、こうした感覚が広く一般に共有される

ような状況ではなかった。

　その意味では、ネットコミュニティという概念がより広く認知され、学術的にもひとつの位置づけを得るチャンスは、日本におけるネットワークコミュニケーション研究の先鞭をつけた『電子ネットワーキングの社会心理』(川上ら1993)の登場を待たなければならない。本格的なネットワーク研究書として先鞭をつけた同書の存在により、ネットワーク上にコミュニティという概念をもち込みうることを明確にうたったといえる。もっとも『電子ネットワーキングの社会心理』では、ネットコミュニティという語は用いていない。コンピュータネットワーク上で共通の関心をもち帰属意識をもったコミュニケーション仲間のことを電子コミュニティと呼んでもよいのではないか、そしてそうしたネットワーク上の集まりをコミュニティという語を用いて表現することは妥当ではないか、という論調で語られているにすぎない。ネットワークにはコミュニティが存在する、それを電子コミュニティと定義づける、と言い切られていないところに当時のネットコミュニティ概念に対する、若干の引け目意識が見てとれる。

　しかし、本書の刊行後、急速に電子ネットワークとコミュニティを結びつけた表現が多数の出版物にみられるようになる。力武の『インターネットコミュニティー』がそのひとつであり、新書の形で世に出た江下の『ネットワーク社会』でも、「パソコン通信が築くコミュニティ」というサブタイトルがつけられた。どちらも、今日的なネットワークコミュニティ概念を語るものである。

　そうした状況下にあり大々的にネットコミュニティという語を標榜した研究会が1995年に生まれる。まさにネットコミュニティの宝庫である日本最大のパソコン通信サービスプロバイダであったNIFTY-Serveの主催した「ネットワークコミュニティ研究会」である。松岡正剛氏が率いる編集工学研究所が事務局を務めたこの研究会では、著名な研究者と後年、活躍する若手研究者をふんだんに集め、NIFTY-Serveのフォーラムコミュニケーションを中心としたネット上の共同体に対して、熱い眼差しを注いでいた。その研究会の冠に電子コミュニティではなく、ネットワークコミュニティという表現がとられたことは、この用語の位置づけにおいて重要な意味をもっていたであろう[3]。本章でネットコミ

1　ネットコミュニティとは何か　61

ュニティという語を使用する理由もこの研究会の存在が大きく影響している。

　一方でコミュニティという用語の用いられ方の時代的変遷についても言及しておく必要があるだろう。コミュニティという言葉そのものが日本で広く認知されるようになったのは1970年前後のことであろう。1969年の国民生活審議会コミュニティ問題小委員会の存在がおそらくは、重要なターニングポイントであったと思われる。ここでコミュニティは新しい時代の地域社会のあり方という期待感を込めた概念に整理され、その後の自治省の施策に影響を与えていく。当時の考え方であればコミュニティ概念を地域と切り離して考えることは困難なことであっただろう。しかしながら、そうしたコミュニティという概念は80年代から90年代にかけて、徐々に地域概念を重視しない、共同体意識だけに依拠した概念への拡大が徐々に行われていく[4]。まさにパソコン通信がスタートした1980年代はそうしたコミュニティ概念拡大の渦中にあったといえるだろう。たとえば、公文が1988年に出版した『ネットワーク社会』のなかではネットワークコミュニティという用語を用いて地域社会の新しいあり方について言及している。ここでいうネットワークコミュニティはあくまで地域の共同体のなかにネットワークがどのように入ってくるかという視点で論じられている。しかしながら一方で、同書には地域概念を含まない今日的なネットコミュニティの概念が「電子コミュニティ」という表現でも記述されている。このように当時のネットワークに関する先進的な言説の持ち主であっても、コミュニティという語の使い方には揺れが存在しているのである。現代ではコミュニティという言葉が地域の共同体を指す際には、あえて「地域コミュニティ」という表現をとるケースが多い。コミュニティという語が本来の地域概念を包括する意味あいで用いられることが少なくなったとすらいえる。そうしたコミュニティ概念の拡大が、ネットコミュニティという概念や用語の成立に大きく関わっていることは認識しておく必要があるであろう。

1-2：ネットコミュニティ概念の袋小路と本来もつ多様性

　さて、このようにみていくと、ネットコミュニティという概念がある程度定

まってきたのは1990年代中盤ということができる。そして、1990年代中盤という時代背景を考えれば、ネットコミュニティという概念がいわゆるパソコン通信におけるフォーラムコミュニケーションを念頭に置いたものであることが容易に推察できる。

　フォーラムコミュニケーションとは、不特定多数の人々が特定のテーマや関心が設定された電子会議室と呼ばれる場において相互に意見交換を行うものであり、そうした電子会議室群のことを当時パソコン通信において最大のシェアをもっていたNIFTY-Serve（そもそもはアメリカのCompuServe）がフォーラムと呼んだことでこの語が一般化したものと考えられる。このフォーラムコミュニケーションの電子掲示板サービスとの差異点は次のような点に集約できるであろう。

・発言が一方的ではなく相手の回答を期待する双方向性をもって行われる。
・発言が問題提起なのか、回答なのか、関連性を明確にするためのコメントツリーという形式がとられる。
・1行や2行のメッセージではなく、長文を前提にした論理的なやりとりが期待されている。
・ハンドルネームや実名が発言には必ず付与されるため、時系列に1ユーザーの発言をさかのぼることが可能である。
・そうしたハンドルネームや実名は、ユーザーアカウントと紐づけがされており、いわゆる「書き逃げ」ができない。
・コミュニケーションを円滑に進めるためにファシリテートを行ったり、問題発言や誹謗中傷を排除する管理者が存在する。

　1990年代の研究者たちは、こうしたフォーラムコミュニケーションにひとつのネットコミュニティの典型例をみていた。1997年に出版されたネットワークコミュニティ研究会による『電縁交響主義』のなかに興味深い記述を見つけることができる。「コミュニティのなかで、質の高い情報が伝達されているかどうか、そして発信された情報がどのように受けとめられ、連鎖構造を織りなしていくのか、という要素によって、そのコミュニティの質や構造がきまる」（安田・

木村 1997：74）この記述を見れば、当時のネットコミュニティに対する考え方を感じとることができる。発言間の関係性が明確で、形成される人々のネットワークが存在し、質の高い情報がやりとりされる場、というネットコミュニティの理想像が感じとれないであろうか。逆にいえば、ネットコミュニティというものをそうしたユートピア的な概念に封じ込めてしまっているともいえる。

つまりは、本来であれば多様なあり方が想定できるネットコミュニティという概念に対して、すでに高度に洗練されたフォーラムコミュニケーションという事例があったため、定義がもちうる多様性について担保し切れなかったということができる。日本におけるネットコミュニティという語は、パソコン通信におけるフォーラムコミュニケーションに「引っ張られすぎて」しまっていたのである。

しかしながら、その後ネットコミュニティという概念のもつ多様性は、パソコン通信サービスの衰退とともに広がっていくことになる。いや、広がっていくというよりも、本来この概念のもつ多様なあり方を再び取り戻していったといってもいいだろう。この多様化の流れについては後述するが、ネットコミュニティという語を用いた時に、フォーラムコミュニケーションを中心とした、いわば「古典的ネットコミュニティ」という概念と、広い視点で考えられるさまざまなネット上での共同体的な事象、いうなれば「広義的ネットコミュニティ」という概念については分けて考えていく必要があるだろう。

❷ 古典的ネットコミュニティの運営方法

2-1：藤沢市市民電子会議室の運営体制

では、古典的ネットコミュニティの典型例についてその運営のあり方についてみていくことにしよう。古典的ネットコミュニティの代表例は当然のごとくパソコン通信におけるフォーラムである。しかしながら、2013年時点でこうしたコミュニケーションは一部の草の根 BBS 等に残存している可能性はあるものの、実態としては存在していない。すでに失われた文化といっていいだろう。

だが一方で、こうした古典的ネットコミュニティの運営を今の時代に引き継ぐサービスが存在している。そのなかでもっとも普及している存在は、日本最大のSNSであるmixiにおけるコミュニティのシステムである。1000万以上のユーザーを抱えるといわれるmixiにおいて基幹サービスのひとつであるコミュニティは、後述するような事例の管理体制と非常に似通った運営が行われており、その制度設計にパソコン通信時代のフォーラムコミュニケーションが前提となっていることは想像に難くない。しかしながら、一方で広く普及しているサービスであるがゆえ[5]、古典的ネットコミュニティとして必要な要素が希薄になっている点も否めない。そうした意味で、パソコン通信以来のフォーラムコミュニケーションの系譜をもっとも色濃く残している代表例として藤沢市市民電子会議室を取り上げよう。

　藤沢市市民電子会議室は、市民のインターネット上の議論を市の政策形成に活用するとともに、ネット上でのコミュニティ形成をもって地域コミュニティ再生を目的として設置されている地域におけるネットコミュニティサービスである。1997年に実験がスタートした同事業は、2011年3月民間事業者との協働運営に移行し、現在も継続してサービスが提供されている。

　この藤沢市の市民電子会議室はどのような運営が行われているのであろうか。

　図4-1は藤沢市市民電子会議室が初期にその内容を説明する際に用いていたプレゼンテーション資料の一部である。市民エリアと呼ばれるネット上でのコミュニティ形成を目指して設置された電子会議室の運営のあり方である。

　まず、目立つのは明確な「ルール」の存在である。全体のルールと会議室の個別ルールという表現から、明確なルールがこのネットコミュニティの運営において原則となっていることが理解できる。実際、藤沢市市民電子会議室ではテーマごとに電子会議室が多数開設されているが、そのすべての会議室に共通して遵守する必要のある全体ルールが設定されており、それとは別に、会議室ごとにそのテーマ、議論の内容に合わせた個別ルールを設定することができる。こうした、ルールが明確に提示され、そのルールにのっとって参加することが

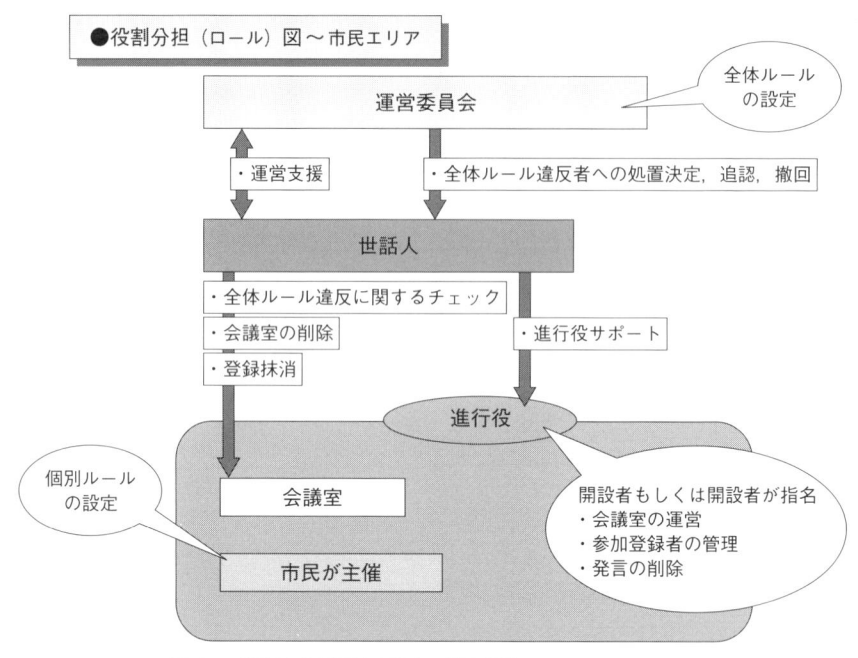

```
●役割分担（ロール）図〜市民エリア

                    運営委員会 ← 全体ルールの設定
            ↑↓
     ・運営支援    ・全体ルール違反者への処置決定，追認，撤回
            ↓
              世話人
     ・全体ルール違反に関するチェック
     ・会議室の削除           ・進行役サポート
     ・登録抹消
                      進行役
個別ルール              開設者もしくは開設者が指名
の設定     会議室       ・会議室の運営
                      ・参加登録者の管理
       市民が主催       ・発言の削除
```

図4-1　藤沢市市民電子会議室の管理構造（藤沢市市民電子会議室）

求められるのが古典的ネットコミュニティの特徴であるといえる。

　では、そうしたルールが尊重されるような環境はどのように生み出されるのであろうか。注目すべきは、進行役と世話人の存在である。パソコン通信時代、NIFTY-Serveのフォーラムであれば、会議室議長、SubSysOp、SYSOP[6]などと呼ばれたいわゆる「管理者」の存在である。

　こうした管理者には、大きな権限が与えられることが通例である。進行役であれば、会議室内での発言の削除、世話人であれば、ルールに違反するユーザーの登録削除等の権限が与えられている。しかし、そうした発言削除といったルール違反の摘発がこうした管理者の第一義の仕事かといえばそうではない。基本的にはいわゆる「ファシリテート」、会議室上の議論を円滑に行うため、発言に対してコメントを行ったり、議論を誘導したり、問題が起きそうになった場合の仲裁等、非常に高いコミュニケーション能力が必要となる役割が与えられている。

逆にいえば、そうしたコミュニケーション能力を活かし、会議室上での高いレベルでの議事進行という義務が課せられるのがこうした管理者の役割である。

このような管理状況から容易に想起されるように、藤沢市市民電子会議室では、ネットコミュニティが単なる雑談の場ではなく、参加者の高い規範意識に基づくいわゆる「議論の場」としての役割が期待されている。その意識の後ろにあるのは、こうした電子会議室のある種の公共の場としての位置づけである。そこに集う人々は、カジュアルに場に参加することを容認されていたとしても、そこは公共の場であり、他者に対する配慮や、市民としての自覚が常に期待される。そして何より、その場において人々は社交的な存在であり、他者とのコミュニケーションを楽しむ姿勢が求められる。それが古典的ネットコミュニティの本質である。

また、ここまでのルールの存在、コミュニケーションの規範に従うことを「入会」あるいは「登録」という作業によって約束させられることが通例であることも、古典的ネットコミュニティのあり方である。私はこの場に参加します、そしてそれが承認されます、というプロセスが、たとえクリック一つの行為であったとしても存在することが、古典的ネットコミュニティの場としての独立性あるいは「囲まれ感」を作り出している。この点は、後述する多様化したネットコミュニティとの大きな差異点であろう。

2-2：古典的ネットコミュニティ運営の課題

こうしたネットコミュニティを成立させるためには、当然のことながら場の全体設計に関するきちんとした議論と、作り上げられた組織を支えていくための人材が必要になってくる。とくに、実際に現場の管理を行う進行役や世話人といった人々のコミュニケーション能力が、重要な意味をもつのである。しかも、こうしたコミュニケーション能力は Face to Face ではなく、あくまでテキストベースで発揮されなければならない。そういう意味では現実世界でコミュニケーション能力の高い人々が必ずしも、こうした役割に向いているとは限らない[7]。古典的ネットコミュニティを経験している（あるいはしたことがある）人々

がマイノリティである現代社会においては、かなりその人材確保にハードルの高い状況が存在すると言えよう。

また、一方でこうした「管理型」のネットコミュニケーションが少なくとも2011年現在ではインターネットにおいて支配的でないことにも留意する必要がある。インターネットの商用利用が広まり、広告という文化はインターネット上で抵抗なく受け入れられている状況があるが、他者によって管理されるという状況は必ずしも一般化しているわけではない。その点でいえば、ネットワーク上のふるまいの前提になんらかの規範意識をもつという考え方は、少なくとも90年代よりは圧倒的にマイノリティになっているといえるだろう。そうした状況は、あらたに古典的ネットコミュニティをプロデュースしていく上で重要な問題となるに違いない。

③ ネットコミュニティ概念の多様化

3-1：電子掲示版コミュニケーションのもつコミュニティ性

ここまでで述べてきたようなネットコミュニティのあり方は1990年代半ば、つまりはパソコン通信の時代においては一般的な内容であったが、日本におけるインターネットの進展の過程においてそのあり方はマイノリティなものとなっていく。代わって、支配的になっていくネットコミュニケーションのあり方がいわゆる匿名性電子掲示板である。日本における匿名性電子掲示板の代表例である2ちゃんねるは、次のような点で古典的ネットコミュニティとの違いがある。

- 数行の短い文章による発言がもっぱらであり、推奨される。
- 発言の主従関係が明確ではなく、コメントをつけたい場合はそれを明示する必要がある。
- 一部を除き原則「名乗り」のない匿名であり、書き逃げが許される。
- 削除人等の管理者は存在するが、通常のコミュニケーションで管理者の存在感は皆無である。

・参加に対してなんらかの登録等の作業は必要とされない。

　このようにいわば古典的ネットコミュニティとの対極にある自由かつ奔放で、無秩序かつ無責任なコミュニケーションの場が、なぜ日本におけるインターネットコミュニケーションにおいて、一時的とはいえ支配的になったのかについては、本章では論じない。しかしながら、こうしたネットコミュニケーションのなかで生まれた人々の集団が、一種の愉快犯的いたずらをくり返したり[8]、社会運動的な活動[9]を行ったり、そしてさまざまな自分たちを語るための「言語」[10]をもち得たことからも、新しい共同体、つまりはネットコミュニティを形成していたことは疑う余地のない事実である。前章でいう広義的ネットコミュニティとして位置づけてよいだろう。

　しかも2ちゃんねる全体が大きな一つのネットコミュニティであると同時に、テーマ別のたくさんの細分化されたネットコミュニティを内包していることもユニークな点である。たとえば、Vipperという属性が存在する。ニュー速VIPという2ちゃんねる内のコミュニティにおいては、いわゆる常識とはかけ離れた、逸脱を主としたコミュニケーションが行われ、多数の人々に驚きを与えるようないたずらや悪ふざけ、注意を引くような行動がくり返され、あらたなインパクトが追い求められ続けている。現代の「カブキモノの集団」といってもよいかもしれない。一方、既女という属性も存在する。鬼女とも言い換えられるこの既女とは、既婚女性板というコミュニティに属する人々の総称で、その専門家をしのぐ調査能力や、話題に対する粘り強いコミットメントで2ちゃんねる内に知られている。ネット上にはさまざまなトラブルが散見されるわけだが、そうしたトラブルに既女板が関与すれば、その問題の背景に横たわるさまざまな現実社会との接点がすべて既女たちの調査によって明らかになってしまい、場合によっては電話等による直接的アプローチを受けることになる。このような細分化したネットコミュニティにおいて、それぞれに特有の文化が共有され、年を経てもそれが維持されているという状況は、2ちゃんねるというネットコミュニティの成熟度を示すものといえるだろう。

　しかしながら、こうしたコミュニティを「プロデュース」する行為は不毛な

ものであるといわざるをえない。どちらかといえば、プロデュースという行為とはまったく対極にあるような放置の構造が、このような奔放な属性をもつネットコミュニティを形成してきたともいえるのである。逆にこうした場をプロデュースしようとすれば、大きな反発を受ける可能性がある。過去にも2ちゃんねるでは営利企業とのあいだでさまざまなトラブルが生じている[11]。その多くが、2ちゃんねるに対してなんらかの管理や権利の制限を求めるような事例であった。

　匿名性に基づいた自由な言動の場は、管理や構築という概念を拒絶する。参加も自由であれば離脱も自由。そうした環境のなかで自然に育まれたコミュニティには、プロデュースという言葉を拒絶する文化があることを理解しておく必要があるだろう。

3-2：コミュニティから、タイムライン、クラスタへ

　日本のネットコミュニケーションの流れは、90年代のパソコン通信から、2000年代はじめの2ちゃんねる、そして2004年頃のからのmixiに代表されるSNSの流行やブログの一般化を経て、2009年頃から急速にTwitterやFacebookといったソーシャルメディアへのシフトをみせている。とくに日本の匿名性電子掲示板コミュニケーションとの親和性の高いTwitterは諸外国に比べても高い成長性をみせている。

　Twitterはそれ自身がコミュニティ形成ツールとはなりえない。あくまでも個人のつぶやきをネット空間に投げ込む場であり、投げ込まれたつぶやきをアカウントという個人性をもとにフィルタリングしタイムライン[12]を構築する場であるからである。そこには人と人とのコミュニケーションを支え、共同体意識を醸成するような場は存在しない。あくまでも自分のタイムラインをどう編集するかという視点しか存在しないのである。そうした意味で、Twitter上にここまでの文脈でのネットコミュニティは存在しえないといっていいだろう。もし無理やりにネットコミュニティ概念をあてはめるのであれば、Twitterというサービスそのものがネットコミュニティの場であるというしかない。しかしそ

こには2ちゃんねるのような細分化されたコミュニティは含みえないのである。

　しかしながら、Twitter 上にも同じ興味関心をもつような人々の集まりは存在している。いわゆるクラスタという概念である。必ずしも一般化しているとはいいがたい言葉であるが、コミュニティという本来、地域（あるいは場と言い換えてもよいだろう）という概念を内包していた言葉よりも、ただ単なる集まりを表すクラスタという表現のほうが Twitter 上の小さな集団群を説明する際には適切であろう。

　Twitter 上の何をもってクラスタと呼ぶべきかについては意見が分かれるところであるが、もっともわかりやすい事例はハッシュタグ[13]を用いたコミュニケーションであろう。ハッシュタグは特定の話題に基づくツイートであることを示すラベルであり、そのラベルをもとにタイムラインを構成することで、ユーザーは自分の興味関心に呼応するユーザーのつぶやきだけを見ることができる。そこには必ずしもコミュニティとしての共同性や帰属意識が存在するとはいいがたいが、同じ時間に同じ話題についてつぶやきあう「まとまり」、というようなものは存在するかもしれない。Twitter におけるクラスタにどのような特性があるか、ということはまだまだ議論されてはいない段階ではあるが、今後、ネットコミュニティという概念を考えていく上では無視できない現象であるといえよう。

　そして、何よりも、このクラスタという概念はプロデュースという行為との親和性が高い可能性がある。日本における Twitter ユーザーは、とくに日本語によるハッシュタグが利用可能になって以降、このクラスタを自由気ままに活用しつつある。それまでの共通の興味関心、話題に関するつぶやきや、スポーツ観戦やテレビ番組等のいわゆる「実況」的なつぶやきだけではなく、ハッシュタグを用いた Q&A や大喜利、一言ジョークのような新しいクラスタの楽しみ方を構築しつつある。RT という機能による伝播性の高さとあいまって、新しいクラスタの形成へのチャレンジが容易に実現するこの Twitter という環境は、誰もが簡単にネット上での人のまとまりを作り出せる可能性を実現しているともいえるのである。

3　ネットコミュニティ概念の多様化

④ コミュニケーションデザインの重要性

　このように、ネットコミュニティの概念を整理していくと、そこにはひとつのネットコミュニティ概念に集約しようのない多様性が横たわっていることが理解できる。そのような状況のなかで、私たちはネットコミュニティのプロデュースという行為をどのようにとらえるべきであろうか。

　まず、ひとつ重要なことは、そもそもネットコミュニティをプロデュースする必要があるのか、という問題である。ネットコミュニティのプロデュースに興味をもつ人々は、おそらくそのネットコミュニティをなんらかの問題解決手段としてとらえていたり、あるいは価値の高い経済集団としてとらえるなど、さまざまな意図をもっていると考えられる。しかしながら、そうした意図が、本当にネットコミュニティのプロデュースという行為によってかなえられるかどうかは慎重に判断する必要があるだろう。ひょっとすると、みずからがプロデュースしなくても、さまざまな既存のネットコミュニティのなかに、意図する結果を生み出している場があるかもしれない。たとえば古典的コミュニティの運営方法をふり返ってみれば、そこに必要なエネルギーは莫大なものとなる。それだけの投資に見あうだけのリターンが得られるのか、理想論ではなく、コスト対効果も念頭に入れた上で判断をする必要があるだろう。

　同時に、どのようなネットコミュニティのあり方こそが、自分たちの意図する成果を生み出すのか、ということを慎重に判断することが重要である。先にも述べたように、ネットコミュニティには明確な目的意識があって場が設定されるものから、自然発生的にできあがったもの、また、Twitterのクラスタのように、もっとカジュアルに集団性が作られているものまで存在する。政策提言のような社会的責任の高い目的を掲げるのであれば、2ちゃんねるようなネットコミュニティの活用は必ずしも現実的ではないだろう。一方で商品のマーケティングのためのカジュアルな人の集団を欲する時に古典的ネットコミュニティを構築するというのはおそらく的外れな方法になるに違いない。ネットコミュニティの多様性は、そのままそれらの集団が生み出す成果イメージの多様

性につながる。こうした点を適切に判断するためには、多くの種類のネットコミュニティの動態を観察することが重要になってくる。

　その上で人々にどのようなコミュニケーションをしてもらいたいか、そのイメージを明確に作る必要があるだろう。コミュニティを構築するのは単に人をひとつの場に押し込める行為とは異なる。人々のコミュニケーションのあり方をどうデザインし、具体化していくかがもっとも重要な点である。そうした意味でも、ネットコミュニケーションの現実を少しでも多く目の当たりにして、どういったネットコミュニティ類型におけるコミュニケーションを自分のプロデュースするネットコミュニティにおいて実現したいか、イメージを明確化することが重要である。

　グローバルなサービスを提供するソーシャルメディアの普及以降、ネット上のコミュニティ概念のあり方については大きな変革が生じている。そもそも、コミュニティという表現でネット上の人々のつながりを表現することにもある種の無理が生じてきている現状もある。そうしたネットコミュニケーションの変化のさまをリアルタイムで感じ取り、その時代にあった適切なコミュニケーションデザインを創り出していく、そうした方向性がまさに今求められているといえるだろう。

　　　　　　　　　　　　　　　　　　　　　　　　　　　（粉川　一郎）

【注】

(1) システムオペレーターの略。意味については（6）にて詳述。
(2) 大分県に生まれた初期のパソコン通信サービス。その後インターネットサービスへ発展。地域情報化における先進事例としても知られる。
(3) しかし、一方で池田らによる『ネットワーキング・コミュニティ』では、ネットワークコミュニティ研究会の成果もふまえた出版であるにもかかわらず、ネットコミュニティという表現は本文中には見当たらず、電子コミュニティという表現しかみられない。ネットコミュニティという語が、用語として定着したとは断言できない理由の一つである。
(4) ウェルマンのコミュニティ解放論が1979年に出てきたことを考えると、80年代から徐々に概念が広がりをみせると考えてよいのではないか。
(5) mixiは一時期1000万ユーザーを誇る日本最大のネットコミュニケーションサービス

に拡大したともいわれ、その広がりの大きさを考えると、コミュニティの運営のあり方は統制不可能なまでに多様化していると考えられる。
(6) NIFTY-Serve においては、サービスプロバイダである NIFTY-Serve から一つのフォーラムにひとりの最高管理者 SYSOP（シスオペ）が置かれ、その下に SYSOP が任命する SubSysOp や会議室議長が置かれた。SYSOP は NIFTY-Serve と契約関係にあり、フォーラムのアクセス時間数に応じた報酬が支払われたといわれている。
(7) 経験則で語るならば、実際に複数の自治体で電子会議室のファシリテートをするケースをみてきたが、ネット上でのファシリテートの巧拙は、現実社会でのコミュニケーション能力とは必ずしも相関してはいない。
(8) 2001 年から 2002 年頃にみられた田代祭、川崎祭などが例としてあげられる。
(9) 2011 年のフジテレビに対する反韓流デモや、花王製品不買運動などが例としてあげられる。
(10) 数々の 2 ちゃんねる特有のスラングの存在はほかのネットコミュニティにみられない特徴である。
(11) ギコ猫商標登録問題、のまネコ問題などが例としてあげられる。
(12) Twitter 特有の用語であり、Twitter ユーザーがフォローなどを通じて選別したツイートの流れを指す。時系列で多数のユーザーのツイートが表示される。
(13) # の後に文字列を続けることで利用できる。

【参 考 文 献】

池田謙一編, 1997, 『ネットワーキング・コミュニティ』東京大学出版会.
江下雅之, 1994, 『ネットワーク社会―パソコン通信が築くコミュニティ』丸善ライブラリー.
金子郁容ほか著, 1997, 『電縁交響主義』NTT 出版.
川上善郎・川浦康至・池田謙一・古川良治, 1993, 『電子ネットワーキングの社会心理』誠信書房.
公文俊平, 1988, 『ネットワーク社会』中央公論社.
ハワード・ラインゴールド著, 会津泉訳, 1995, 『バーチャルコミュニティ』三田出版会.
力武健次, 1994, 『インターネットコミュニティ―国際ネットワーク最前線』オーム社.
藤沢市市民電子会議室, http://net.community.city.fujisawa.kanagawa.jp/（2011 年 10 月 31 日確認）.
2 ちゃんねる, http://www.2ch.net/（2011 年 10 月 31 日確認）.
Twitter, http://twitter.com/（2011 年 10 月 31 日確認）.

各 論

メディアプロデュースの現場から

6 ドキュメンタリーの現場

⓪ はじめに

　ドキュメンタリーとは何だろう。人によって、ドキュメンタリーに対するイメージは違う。辞書を引けば、「映画・テレビ・ラジオ・文学・新聞記事など事実を記録したもの」と書いてある。つまり、ドキュメンタリーは必ずしも映像に限らない。文字や音の世界でも成立する。それに加え、○○さんのステージはまさにドキュメントだったとか、ドキュメンタリータッチのドラマなどと言ったりもする。うーん、わかりにくい。ただ共通するのは、フィクションではない、記録に基づいているということは確かなようだ。しかし、作品である以上、フィクションの要素はまったくないのかというと、そんなことは断じてない。同じ取材対象やテーマを扱っていても、作り手によって、出来上がりは大きく異なる。映画では、監督が絶対的だし、テレビ番組では、ディレクターやプロデューサーの意向が強く働く。民放のテレビ・ドキュメンタリーの場合は、かつては、ディレクターは演出と表記されてきた。つまり、ドラマやエンターテインメント番組と同じ表記なのだ。

　何度も言うが、ドキュメンタリーの定義はあいまいだ。現在、テレビ界では、「NHKスペシャル」「ETV特集」「NNNドキュメント」「ドキュメント20min」「NONFIX」「報道特集」「情熱大陸」「テレメンタリー」「ドキュメンタリーWAVE」などといった番組が、ドキュメンタリー番組として扱われている。地方局やケーブルテレビ局においても、ドキュメンタリーの枠を設けているところがある。また毎日のニュース・情報番組などにおいて、短いドキュメンタリーを放送する場合もある。たとえば、NHKの「クローズアップ現代」は、スタジオで国谷裕子キャスターが仕切り、ゲストと対談するものだが、しっかりし

たドキュメントも提示している。だとすれば、ドキュメンタリーといえるものは、どこかの現場にロケに出向いて、撮影した素材を編集し、それなりのかたまりを提示しているものといってよいのではないか。バラエティー番組の人気コーナー、「はじめてのおつかい」なども、そこの部分はドキュメンタリーといってよいと思う。素材の提示の仕方は、さまざまなバリエーションがあるが、それについては、ゆっくり説明していくことにしたい。

① こんなドキュメンタリーもある

　先日、横浜の映像作家・森内康博さんが制作した『鎌倉に立つ像』を見た。3年前、国際賞を受賞した話題のドキュメンタリーの小品（10分）だ。内容はこうだ。画家・松本俊介が1942年に描いた「立てる像」。戦争のさなか、ひとりの青年が街をバックにすっくと立っている、有名な絵だ。現在、鎌倉の神奈川県立美術館に所蔵されている。この絵を見た小学生たちは思い思いの感想を述べたあと、鎌倉の町に出て、自分らしく、すっくと立ってみて写真を撮る。ただそれだけのストーリーだ。しかし、子供たちが、「自分らしく立つ」とはどういうことかに、気づいていくようすはスリリングである。これは、松本俊介の絵というものを鏡にしながら、子供たちの内面や、それぞれがもっている身体感覚を浮かび上がらせるという、画期的なドキュメンタリーなのだ。ドキュメンタリーには、身体性が不可欠である。映像を切り取り、モンタージュすることで、思いもかけない世界が広がる。

　こうしたジャンルは、コンセプチュアル・ドキュメンタリーといわれる。この系譜のものには、こんなのもある。ドキュメント20min『ONE COIN HAPPY』（2010）という番組。街頭で道行く人に、ディレクターが質問をする。「500円で、あなたの大切な人を幸せにしてください」。500円というお金は、立派なプレゼントを買うには中途半端な額だ。その500円を使って、自分の大切な人を喜ばせるには、知恵と工夫が必要だ。カメラは、そのプロセスを追いかける。いつも照れくさくて、母親に感謝の言葉をかけることもできなかったHさんは、近

所の日帰り温泉に連れて行った。また、最愛の夫をがんで亡くしたIさんは、2人が出会ったテニスコートまで行く自動車のガソリン代に使った。

ドキュメント 20 min は、『東京タワーがいる景色』という作品もあった。高さでは、スカイツリータワーに抜かれてしまったが、東京タワーは、多くの人々にとって特別な存在だ。それぞれの人と東京タワーにまつわる物語を、丁寧に掘り起こしていくことで、人間が生きる上で、かけがえのない記憶が浮かび上がってくる。「松本俊介の絵」「500 円玉」「東京タワー」それらが、現代を写す鏡になっている。こうした「しばり」があることこそが、ドキュメンタリーを活性化させる。かつて、『72 時間』という番組があった。72 時間つまり、3 日間ひたすら、ある人たちを見つめるというしばりが、人間の生き様をはっきり写すということもある。

コンセプチュアル・ドキュメンタリーの先駆けは、TBS のドキュメンタリー『あなたは……』（1966 年）だろう。番組は、女子学生が決められた質問をまるでロボットのように、道行く人にぶつけるというものだ。そのなかで、「では、あなたはいったい誰ですか？」という問いがある。名前を答える人がいれば、職業を言う人もいる。名乗るほどのものでないという人さえいる。しかし、ほとんどの人は、「あなたはいったい誰」と聞かれて絶句するのだ。ロケの対象には、若き加山雄三（知っていますか？）なども交じっているが、ほとんどが一般人である。番組は、日本人のアイデンティティーを探る、社会調査の要素を備えているだけでなく、平穏な日常に、あえて異物を投げ込み、そこに生まれた波紋をすくい上げようという試みをしている。つまり、取材者は相手に混乱を引き起こす存在であり、同化を拒否するのだ。これは、メディアというものの本質を射抜いている。おじゃま虫であることを顕在化することで、はじめて劇的な空間や言語が生まれるのだ。

② 定点にとどまる覚悟

コンセプチュアル・ドキュメンタリーは、いわば「お題」を決めて、その

「窓」を通じて世の中を記録するものだった。ほかにどんな窓があるのだろうか。もっとも多く用いられる方法は、ある場所にとどまるということである。名作といわれるドキュメンタリーの多くは、現場に長く滞在し、その場で起きることを丁寧に拾い上げる形をとっている。

　代表的なものは、およそ5年にわたって制作した、NHKのにんげんドキュメント『ムツばあさんの花物語』(2002)のシリーズだろう。埼玉県秩父市太田部楢尾。荒川の源流にあたる急峻な段々畑を耕す老夫婦が、生を終えるまでを追った番組だ。ディレクターはいない。百﨑満晴カメラマンが、カメラを構えながら聞いていくという最小の編成で、ロケは行われた。百﨑カメラマンは、ムツさんを最後まで見届ける覚悟で取材を続けた。大変幸福な出会いかもしれない。主人公の小林ムツさんは、先祖代々守ってきた耕地を守りきれないと思い、畑に花の咲く木を植えて、自然にお返ししようと努力する。途中、夫の公一さんが亡くなり、ムツさんはひとりになった。寂しさに耐えながら、木を植えるムツさん。5年間で何本もの番組が制作され、最後は、『ムツばあさんのいない春』(2007)が放送された。いつのころから、視聴者は、その年のムツさんがどう過ごしているのか、気にかけるようになった。番組のなかの人物が、世のなかと連動するに至ったのである。春、花が咲くころになると、ムツさんに会いたくて、段々畑を上ってくる人たちが現れた。ムツさんは、はじめてのお客さんを大切に迎えた。ムツさんがいなくなった今も、訪れる人は跡を絶たない。これは、どう考えればよいのだろうか。ムツさんは、番組を見た人たちの記憶のなかには、まだ生きているのだ。

　花を植えるお年寄りということでいえば、テレコムスタッフが制作した『喜びは創りだすもの・ターシャ・チューダー四季の庭』(2005)のシリーズも多くの人たちの支持を集めた。カメラは、ターシャの庭から一歩も出ない。ただ家のなかと庭で過ごすターシャを、腰を落ち着けて見つめ続けた。場所を限定することで、見つめるまなざしはより深くなる。息をひそめ、花々の声に耳を傾けたことで、はじめて見えてくるものがある。ターシャのドキュメンタリーは、思わぬ番組に影響を与えた。日本のドラマの名匠、脚本家・倉本聰さんの『風

のガーデン』は、ターシャにヒントを得て生まれたといわれている。ドキュメンタリーとドラマには、人間のこころのひだを見つめるという意味でも、兄弟姉妹のような関係なのだ。

③ ドキュメンタリーはあまのじゃくかもしれない

　ひとつのところにとどまり、ある人や現場ををじっと見つめるドキュメンタリー。登場する人たちは、必ずしもみなから支持されている人とは限らない。もっといえば、世間から石を投げられるような人の、本当の姿を知りたいということでロケを始める場合もある。東海テレビの斎藤潤一監督の『平成ジレンマ』（2011）はその典型かもしれない。主人公は、愛知県の戸塚ヨットスクールの戸塚宏校長。かつては、非行に走ったり、情緒の面で障がいを抱える若者たち100人以上と共同生活していた戸塚校長。しかし、コーチたちとともに過度の訓練と体罰が近因となって傷害致死事件を起こしたとして、メディアからも激しいバッシングを受け、最高裁で刑が確定し、実刑を受けた。刑を終えた後、戸塚校長は、再び10人余りのひきこもりやニートの若者たちの訓練を始めた。斎藤監督は、その現場に密着した。「ジレンマ」の中身は、たとえ世間から指弾を受けても、誰かが、問題を抱える若者たちに向きあわなければならない。非難するのは簡単だが、生きていくのが困難な人たちをどうするのかの答えはない、といった葛藤だ。

　斎藤潤一監督は、東海テレビにおいて『光と影』（2008）というドキュメンタリーも制作している。1999年山口県で起きた光市母子殺害事件。母親と幼児が殺害された事件だ。被告は当時18歳の少年。斎藤監督は、その被告を弁護する弁護団に300日にわたって密着した。大半のメディアは、被害者・本村洋さんの側に立ち、弁護団の主張を荒唐無稽だと煽情的なバッシングを行った。裁判は最高裁で死刑が確定し、2012年秋、再審請求がなされた。犯罪被害者の救済が求められるのは確かだが、だからといって、被告人が正当な裁判を受けることも忘れてはならない。どちらが欠けても、憲法に謳われた人権の尊重という

ことにはならない。東海テレビがこうした正論を貫くには勇気のいることだったが、結果的には、このドキュメンタリーは正当な評価を受けた。ドキュメンタリーに、大衆の支持が必要ないわけではないが、たやすく誰かを悪い奴と決めつける風潮には、きちんと NO と言いたい。ドキュメンタリー制作者は、いわゆる世間の風潮と一線を画し、多様なものの見方があることを伝える役割を担っている。

4　知りたいことに迫る科学

　ところで、2011 年は特別な年だった。3 月 11 日の東日本大震災は、多くの人々の日常を根底から奪った。地震・津波による被害だけでなく、原発事故が人々を苦しめた。放射能汚染はどこまで広がっているのか。誰もが知りたいこの問題に、果敢に挑んだドキュメンタリーがある。ETV 特集『ネットワークで作る放射能汚染地図』(2011) である。七澤潔・大森淳郎ディレクターは、放射能汚染測定の専門家とともに、被災地を回り、知られざる高濃度汚染地帯の存在を浮かび上がらせた。放射能汚染は一様になされるのではなく、地形や風向きなどによって濃淡がある。高濃度の汚染地域は、ホットスポットといわれ、そのまま暮らすには危険である。取材当時、大手メディアは福島第 1 原発周辺にはいっさい近づかないという内規を設けていた。そんななか、スタッフは専門家の力を借りて、原発から 30 キロの外、そして原発近くでの本当の汚染の実態に迫った。無謀なことを行ったのではない。周到な準備と体制のもとで、科学的なデータをつかむ努力を重ねたのである。

　ドキュメンタリーは、ともすれば、取材対象に密着し、「どぶ板的」「住み込み的」な要素が強調される傾向にある。しかし、現実世界は入り組んでいて、解きほぐすことは簡単ではない。科学的な視点、合理的な視点を欠かすことはできない。代表的な番組を紹介したい。2004 年六本木ヒルズで、回転ドアに子どもが頭を挟まれ死亡するという事故が起きた。この事故はなぜ起きたのか。調べていくにつれて、回転ドアが海外から輸入された際、誤った仕様で運用さ

れていたことが判明した。従来のドアより重くなり、回転する凶器と化していたのである。ETV特集『ドアにひそむ危険　畑村洋太郎の実験記』(2005) は、回転ドアの事故の原因をさぐり、どうすれば事故をなくせるかを検討するプロジェクトを立ち上げた。誰かをやり玉にあげればそれで終わりではなく、悲劇をくり返さないために、科学技術のエキスパートが知恵を結集したのだ。そのなかに、メディアの人間も含まれていた。原発事故が典型だが、メディアの人間は何かが起きた時にはじめてその問題を学ぶことが多い。しかし、つけ焼刃の知識ではまったく歯が立たない。どうすれば、専門家と称する人たちにからめ捕られず、真実に近づけるか、日々の研鑽が求められている。言うは易く、行うは難い。原発、BSE、薬害エイズ、地球温暖化、ダム建設、干拓事業……あらゆることが、科学的な知識と理解を前提に語られるべきである。ドキュメンタリーの世界が進化できるかどうかは、錯綜した専門的問題を、どうすれば制作者の手の内に入れて、理解しやすいものにできるかにかかっている。もちろん簡単に専門家にはなれやしない。しかし、謙虚に学び続ける姿勢が大切だと言えば、精神論がすぎるだろうか。

⑤　水俣病を取り上げたドキュメンタリー

　これまでのドキュメンタリーは、どちらかといえば、告発中心のものが多かったように思う。これは、もちろん大切なことだ。ドキュメンタリーは、声を上げられない人たちの声を記録し、それをひとりでも多くの人たちに考えてもらうための材料を提供することに存在意義がある。たとえば水俣病のことを考えてみよう。

　水俣病の問題は、NHKや九州・熊本の民放、映画では、土本典昭監督らによって、さまざまなドキュメンタリーが制作されてきた。そのはじまりは、NHK『日本の素顔　奇病のかげに』(1959) だろう。水俣湾沿岸で暮らす人々のあいだに、激しいけいれんを起こす、謎の病気が広がった。この原因は何かまだわからない。チッソの工場廃液が原因ではないかともいわれていたが、工場側はそ

れを否定する。そんななかで、患者たちの家には、弱みにつけ込んで、あやしい薬売りが訪れる。なかでも深刻なのは、重い障がいをもって生まれてくる子どもたちが多くいることだ。日本のドキュメンタリーの草創期のディレクター・小倉一郎は、こうした事態を、正面から取り上げた。その後、水俣病を引き起こしたのは、有機水銀を含んだ工場廃液であることが判明する。『現代の映像　チッソ株主総会』(1970) は、チッソの株を1株でももっていれば、株主総会で発言できると思い、患者や支援者が総会に参加し、社長と直接向きあうドキュメンタリーである。そこには患者救済に立ち上がった作家・石牟礼道子さんの姿も見える。そして、『ドキュメンタリー特集　埋もれた報告』(1976) は、熊本県や通産省は水俣病の拡大を防ぐことができたのではないか、内部文書をもとに明らかにしていくドキュメンタリーである。当時の関係者に大治浩之輔記者は執拗に迫る。しかし、元知事や通産省の局長らは逃げ回る。

　胎児性水俣病の患者たちを追ったドキュメンタリーもある。土本典昭監督は水俣で多くの映画を作ったが、その一本に『わが街　わが青春』(1978) がある。これは、患者の若者たちが、2年がかりで、熊本出身の演歌歌手・石川さゆりを水俣に呼びコンサートを実現させる物語である。夢がかなった喜びに泣き崩れる若者たちの姿に、日々の苦しさ、切なさが浮かび上がる。そして NHK スペシャル『不信の連鎖　水俣病は終わらない』(2004) は、水俣病の拡大の責任を国が認めたにもかかわらず、患者の救済の道はなお険しい現実を伝えた。それ以外にも、工場関係者の証言を引き出したものなどもある。

　これらのドキュメンタリーの数々を見るにつけ、思うことがある。なぜ優れた番組が多く世に送り出されたにもかかわらず、いまだに水俣病は続き、多くの人々は放置されたままなのだろうか。ドキュメンタリーの多くは、ひどい出来事が起きたことをめぐっての検証である。水俣病の場合、1960 年〜70 年代は、さまざまな学説が飛び交い、原因について明確に言及できないまま、被害は拡大していった。たしかに直接の加害責任は、チッソや熊本県・国にあるが、メディアが、リアルタイムで、もっと何かできなかったのかという、割り切れない思いが湧きあがる。先人たちの業績を否定しているのではない。しかし、

どんなにウエルメイドな番組が生まれても、実際に患者を救済することにはつながらなかった。『チッソ株主総会』や『不信の連鎖』のなかで、患者の側に立ち、会社や国と対峙していたのは、NHK のディレクターやアナウンサーであった。彼らは番組のなかでは、どうしても実現できないことに直面し、取材者ではなく、市民として行動する道を選んだ。取材者か、市民か、どちらか一方を選ぶという類いの問題ではないが、水俣病というあまりにすさまじい悲劇を食い止めるために、ドキュメンタリーの多くは無力であった。その時、その時の取材者の判断が間違っていたり、腰が引けていたわけではない。しかし、現実を変えることができないまま、今日に至っていることを、どう考えればいいのだろうか。

❻ 再びドキュメンタリーとは何か

　世界に目を転じれば、9・11 同時多発テロ以降、国際社会は寛容さを失い、憎しみの連鎖に歯止めがかからない。アフガニスタンやイラクだけではない。パレスチナにおいても、イスラエルによる攻撃がくり返されている。土井敏邦監督や古居みずえ監督は、20 年にわたってドキュメンタリー映画を制作している。土井監督の『沈黙を破る』(2009) は、イスラエル軍の兵士たちのあいだからも、パレスチナ人への日常的な暴力を振るうことへの疑問の声が上がっていることを伝えた。古居監督の『ぼくたちは見た』(2011) は、2008 年から 2009 年にかけて、1400 人の犠牲者を出したガザへのイスラエル軍による攻撃は、まさに虐殺であったことを記録している。双方に言い分があるのではない。一方的な攻撃だったのだ。彼らの制作動機は、ひとりでも多くの人たちに、この理不尽な事態を伝えたいということに尽きる。泣き叫ぶ人が目に前にいる以上、放っておくわけにはいかない。世界にこのことを知ってほしい。そのために、土井さんはペンから映像に転じ、古居さんも写真から映像に変わった。映像のもつ力は大きく、見た人を考えさせ、行動の変化をもたらす。映像を見る前と後とでは、人は大きく変わる。そのことを信じて奮闘しているのだ。

思えば、ドキュメンタリーの原点と呼ばれるロバート・フラハティの『ナヌーク』が上映された時、当時の批評家は、「劇映画が空虚に見える真実の魅力」と絶賛した。しかし、取材されたイヌイットの人々の、その後の歩んだ道は、平たんなものではなかった。映画は、人々を驚かせはしたが、彼らの生活を守る方向には向かわなかった。

　最初の問いに戻る。ドキュメンタリーって何だろう。私はただきちんと仕上がった箱庭のようなものは好まない。現実を直視して記録し、深く人々を考えさせ、小さくても見た人の、明日からの行動に変化をもたらすようなものであってほしい。教条的にいうつもりはない。しかし、ドキュメンタリーが、画面のなかだけにとどまっているのでは、つまらないではないか。世の中をよくするためのドキュメンタリーは、どうすれば可能か。そんなことを思いながら、きょうもひたすらドキュメンタリー作品を見、そして自らも制作にはげむ私である。

（永田　浩三）

【参 考 資 料】

今回とり上げた作品の多くはNHKアーカイブスや各種上映会などでくりかえし公開され、見ることができます．

「百聞は一見にしかず」という言葉がある通りドキュメンタリーを学ぶためには，まず作品を見ることです．

7 CMをつくる

0 はじめに

　CMを作ることほど、制約の多い仕事はない。映画・ドキュメンタリー・アニメーション・プロモーションビデオなど、ほかのさまざまな映像ジャンルと比べて、それは際立った特徴である。

　まず、時間の制約がある。わずか15秒や30秒のなかに、商品の特徴や企業メッセージを語り、独自の世界観やストーリーを表現しなければならない。製品の発売やオンエアスケジュールに合わせた制作期間を守り、広告主のさまざまな事情や要求に応えなければならない、という制約もある。

　その一方で、CMにはいつも、ハッとするアイデアとインパクトの強さが求められる。しかも、いくら作品としてすぐれていても、商品が売れ、企業のイメージがアップするという結果が伴わなければ、そのCMは評価されない。

　さまざまな制約や困難を乗りこえ、印象に残り、しかも、広告として機能し、広告主の評価を得る。そんなことが可能だろうか？　と途方に暮れることもあるけれど、だれかが、どこかに、必ず正解を探しあてる。CM制作は、そんな、まるでゲームのようなものなのだ。だから、おもしろい。

　しかし、今、CMを支えてきた社会そのものが大きく変わろうとしている。大量生産・大量消費社会の行き詰まりが指摘される一方で、インターネットやソーシャルメディアの台頭・普及によって、コミュニケーションのあり方が、根底から変わりつつある。その変化が、CM制作の現場に与える影響は、けっして小さなものではない。

　CMを作ることの変わらぬおもしろさと、時代の変化に対応することの難しさ。その二つを、同時に感じながら、筆者はCM作りの現場にいるのである。

1 CM を企画する

1-1：二つの設計図

　CM は、図 7-1 に示したような流れを経て制作され、視聴者のもとへ届けられる。この流れのなかで、もっとも重要なものが、「二つの設計図」である。

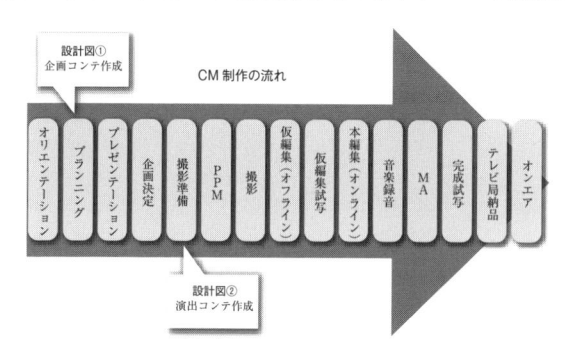

図 7-1　CM 制作の流れ

　一つは、主に広告代理店のクリエイターによってプランニングされる、「企画コンテ」という設計図。二つめは、撮影準備の段階で、CM ディレクターが描く「演出コンテ」という設計図である。

　企画コンテは、キービジュアル（設定）やストーリー展開、キャッチコピーやナレーションなどのアイデア、つまり、広告として何をどう伝えたいかという CM の骨格を示すものである。

　演出コンテは、企画コンテをもとに、撮影の方法・カット割り・タイトルの入り方などのビジュアル設計と、音楽・効果音・ナレーションなどのサウンド設計を示すものである。

1-2：企画において大切な二つのこと

　CM で伝えたいことが、シンプルであること。そして、クライアント（広告主）とクリエイター（広告企画制作者）とのあいだに、強い信頼感があること。CM を企画する上でもっとも大切なものは、この二つである。

CMの企画は、クライアントからのオリエンテーション（広告主が広告代理店・制作会社・制作者などに対して、制作目的・商品説明・スケジュール・予算などを提示すること）を受けてスタートする。広告制作物のなかでは破格の予算をかけて作られるCMだから、クライアントの企画に対する期待度が高いのは、当然である。しかし、ここで、クライアントの思いが整理されていなければ、すぐれたCMプランは生まれない。しかも、その思い、つまりCMで強く伝えたいことは、少なければ少ないほどいい。また、クライアントとの信頼関係があれば、もてる力をそそぎこんで期待以上の企画で報いたいという、クリエイターの熱意が生まれる。

　しかし、実際には、クライアントは複雑な社内事情を抱えているものである。経営陣・宣伝・商品開発・営業など、さまざまな部署によって、広告に期待することも変わってくる。また、経済不況が長引き、企業の業績が不調に陥ると、広告の方向性にも迷いが生じやすい。そこで、より効果的な広告を求めて、複数の広告代理店や広告会社に企画を競わせること（競合プレゼンテーション）や、企画決定までに長い時間を要することが多くなる。

　CMディレクターは、クライアントと広告代理店とのあいだで、企画が決まった段階で制作に参加する場合が多い。はじめての打ち合わせで、CMディレクターは、最低でも3社、多い時には7〜8社にものぼる競合プレゼンテーションの結果決まった企画を受け取ることがある。大きな競合プレゼンともなると、さらに広告代理店のなかで複数のチームが競ったり、1社が20案も提案するなどというケースもあるようだ。また、クライアントと広告代理店のあいだで半年以上もの時間をかけ、紆余曲折あって決まった企画を受け取ることもある。

　CMディレクターの立場からみると、こうして決定した企画は、インパクトの弱いものに思えることが多い。競合に勝つことが大前提で、実際にCMをおもしろくするアイデアが希薄だったり、有名タレントの起用に走ったりするケースが見受けられる。また、クライアントの複雑な事情をうまく盛り込んでいくうちに、企画の鮮度がどんどん落ちていくようである。

　そこで、演出プランで、CMディレクターはもう一度、視聴者に伝えること

を絞り込もうとする。それがうまくいく場合もいかない場合もあるが、「CMで強く伝えたいことは、少なければ少ないほどいい」、それがインパクトのあるCMができる唯一の道であることを、CMディレクターは、いわば、皮膚感覚で知っているからだ。

　反対に、経営者か宣伝部長が強力なリーダーシップをもつクライアントの、CMに対する意思決定は明解である。そんなクライアントとクリエイターとの、強い信頼関係から生まれる、伝えたいことがシンプルで、ねらいがすっきりした企画は、CMディレクターをワクワクさせる。演出の方向性やCMの完成が、はっきりイメージできる。撮影現場の楽しさやテレビを見る人の反応を鮮やかに思い浮かべながら、演出プランを考えることさえある。筆者の経験から思い起こすと、競合プレゼンではなく、クライアントが信頼する特定のクリエイターとのあいだで交わされるのは、多くても3案、場合によっては1案だけの、思い切ったプレゼンテーションだったりする。

　だからといって、クライアントはクリエイターを信頼して、好きにCMをつくらせればいい、といっているのではない。むしろ、その逆である。レベルの高い到達目標を示して、時には短い制作期間や少ない予算で、つまりさまざまな制約を課して、制作者に期待以上のCM企画を求める。その信頼感と緊張感のなかから、良い企画が生まれるのである。

❷ CMを制作する

2-1：CM制作の特殊性と専門性

　CMは、タレント（登場人物）・映像・編集・音楽・効果音・ナレーション・タイトル・CG・アニメーションなど、多彩な表現要素からできている。それらの要素は、映画やテレビドラマと、ほとんど同じものである。しかし、短い時間のなかで最大限の効果を上げなければならないという点で、また、そこにかける予算と関わる人の多さという点で、CMは、ほかの映像表現と比べて、きわめて特殊なものである。

CMの演出プランが決定した後、実際にCM制作が始まると、CM制作会社とCMディレクターのもと、図7-2のように、カメラマンや照明技師、ロケーション・コーディネーター、美術デザイナー、スタイリスト、ヘアメイクなど、専門分野のプロフェッショナルが多数集結する。そして、それぞれが専門分野で、企画プランや演出プランという設計図に沿って、もてる力を発揮する。ビールグラスの水滴や泡の量、食品の湯気や油のはね方を調整して、シズル感（食品や飲料がおいしそうに見えること）を出すための特殊効果を専門とする、CMならではのスタッフもいる。

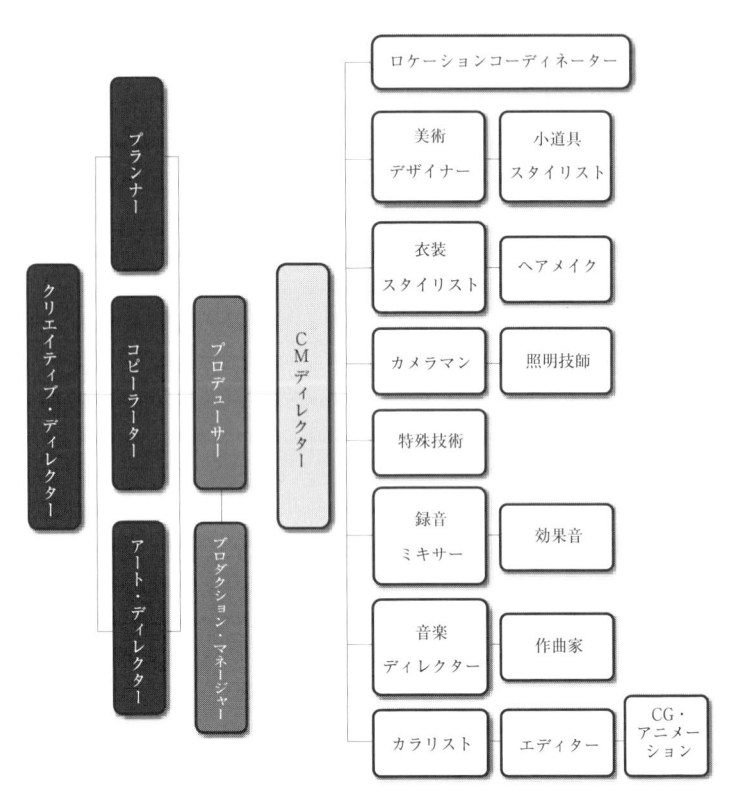

図7-2　CM製作のスタッフ構成

クライアントが求める要求や広告の目標に応え、人々を楽しませ、それが企業や商品への愛着につながる、CMという仕事。それは、車やテレビやパソコンや住宅などのモノ作りの世界となんら変わらない、やりがいのある仕事ではないだろうか？　そして、そんな「モノ作りの世界」を支えるのは、高い専門性をもったプロフェッショナルたちの、アイデアや技術やセンス、何よりも「おもしろいCMを作りたい」という熱い思いである。

2-2：省略のないプロセス

　CM制作のプロセスは平坦なものではない。CM制作には、さまざまな制約と事情、そしてトラブルがつきものだからだ。

　どんなにいいアイデアで、やりたいことがあっても、予算とスケジュールという制約があるのはいうまでもない。有名タレントから、撮影の時間やイメージ管理上できないことなどの、注文をつけられることもある。ロケーション・美術・小道具・衣装などの詳細なプランをクライアントに提示するPPM（プレプロダクションミーティング）の段階で、クライアントから、なんらかの事情でNGが出る場合もある。

　うまく撮影が終わればいいが、ロケの場合、天候という、どうすることもできないやっかいな相手がある。撮影中の機材トラブルも起こりうる。あってはならないことだが、撮影の段階になってはじめて明らかになるスタッフ間やクライアントとのイメージや意見の相違もある。時には、70〜80人ものスタッフがめいめいの持ち場で働く撮影現場である。何ごともないよう万全を期すのも、プロの仕事だが、「現場」と名のつくところには、思いがけない事故やトラブルが起こるものである。

　そして、なんとか撮影を終えると、いよいよ仕上げだ。オフライン編集で、仮の音楽やタイトルやナレーションをあててみる。そして、クライアントへ試写する段階で、CMの完成形はほぼみえてくる。それまで、口頭の説明と紙の上で理解が進んでいたものが、はじめて具体的なカタチになる。そこで、あらためて明らかになるのは、CMの短さである。15秒や30秒の長さに、いかにう

まくさまざまなメッセージや要素を盛り込めたか。あるいは、盛り込めなかったか。最初から、伝いたいことがシンプルに絞り込まれていればいいが、そうでなければ、その段階ではじめて何かを捨てたり、逆に詰め込むという作業が待ち受けている。

　そういうプロセスを経たにもかかわらず、完成したCMの試写で、さらに問題が出ることがある。とくに、映像の明るさと音の大きさをめぐって出るトラブルが多い。どのクライアントも、自社のCMは明るく、そして他社のどのCMより、大きな音であって欲しいと願うものであるらしい。

　このように、なんらかの事情やトラブル、あるいは意見の相違があった時には、「待て」や「戻れ」(つまりやり直し)、最悪の時には「ふりだしに戻れ」がまち受けている。図7-1に示したプロセスは、なにひとつ、省略することができないのだ。

　CM制作は、まるでスゴロクのようなものである。こうして、さまざまな事情とトラブルを乗り越えたCMだけが、無事にオンエアーされ、「上がり」となる。しかし、どんな困難をも乗り越えて、どこかに正解を見出すのが、CMも含めて、モノ作りの醍醐味というものではないだろうか？　だからこそ達成感があるし、幸いなことに、筆者の知るかぎり、CM制作に関わる人たちはみな、嫌なことを早く忘れる名人ぞろいである。

③　CM制作の現状と問題

3-1：CMが直面する現実

　CMは、テレビと経済を両輪として走る、車のようなものである。

　テレビが元気だった時代には、CMも元気だった。筆者が子どもの頃、テレビは、どの家庭でも一家団欒の真ん中にあり、会社や学校では、絶えず歌番組やナイター中継やドラマのことが話題になっていた。CMから流行語やヒット曲が生まれ、CMには、いつもあこがれのライフスタイルがあった。

　同様に、経済が元気な時代には、CMも元気だった。1954年から1973年にか

けての、いわゆる高度経済成長期に、急成長する日本経済と歩調を合わせるように、わが国の総広告費は、飛躍的に増大した。その立役者は、もちろんテレビ CM である。

1980 年代に入って消費社会が成熟すると、人々にとって CM は、企業や商品の情報を得る手段である以上に、流行や世のなかの空気にふれるものであり、何よりも自分を楽しませてくれるものになった。バブル経済の頃、広告や CM は、それを文化や社会現象として論じる雑誌（『広告批評』2009 年休刊）が現れるほど、勢いのあるものだった。

しかし、1990 年代半ば頃から、携帯電話やパソコンが急速に普及し、IT 社会が到来すると、テレビは人々の生活のなかで少しずつ影の薄い存在になっていった。そうなると、CM に影響がないわけがない。人々は、テレビ CM を楽しみ、そこから企業や商品の情報を得る代わりに、インターネットで企業や個人の情報を得たり、みずから発信したりして、それを生活や行動に役立てるようになった。

一方、1990 年代に入り、バブル経済が崩壊すると、成長・拡大の一途をたどった日本の広告業界にも陰りが見えるようになり、はじめて 2 年連続（1992、1993）で総広告費が前年を下回った。その後、いったんは回復し、ついに日本の総広告費は 7 兆円を越えた（2007）が、リーマンショック（2008）に端を発する世界的経済不況の影響で、2008 年以降 3 年連続で、10％台のマイナス成長となっている。

IT 社会の成熟と、「失われた 20 年」ともいわれる不況。それらが、テレビと経済を両輪として走る CM に与える影響は大きい。

3-2：CM が抱える問題

テレビと経済に元気がない今、CM 制作は、さまざまな問題に直面している。ここでは、4 つの問題を指摘しておきたい。
（1）長引く経済不況のなかで、広告費縮小に伴い、CM 制作費の削減も著しい。他の映像メディアにはない、潤沢な制作費をかけた CM ならではの表現

へのこだわりが、どこまで維持できるのかが危惧されている。
(2) タレント依存の CM 表現

　業績が低下すると、企業のなかで CM 企画についてのコンセンサスが得られにくくなる。また、表現アイデアより、有名タレントによる話題性に頼る傾向が助長される。その結果、日本のテレビ CM は、世界でも例をみない「タレント天国」と化している。

(3) テレビ離れ

　人々が、携帯やインターネットの情報に接している時間がどんどん増えて、相対的に、「テレビ離れ」という現象が進行している。その結果、＜企業が提供番組を降りる→ CM が減る→テレビ局の番組制作費が減少する→魅力ある番組が少なくなる＞という負のスパイラルが起きている。

(4) デジタル化

　90 年代中頃から、デジタル技術のめざましい進化によって、コンピューター・グラフィックス（CG）を導入した、さまざまな特殊合成や映像処理が可能になった。それは一方で、CG やデジタル技術を使った、安易な CM 企画や映像制作に走る傾向を生んだ。

また現在、動画撮影用デジタルカメラの普及が著しく、長いあいだ CM 撮影の主流だった 35 ミリカメラに取って代わりつつある。もちろん、デジタルカメラには、軽量化・機動性・暗所での表現力・低コストの実現など、多くの利点がある。しかし、デジタルカメラ導入の背景には、コスト削減という事情がより強く働いており、「CM ならではの、美しくユニークな映像表現の追求」という姿勢からは、ほど遠いものがある。

4　CM の未来

　CM が「テレビと経済を両輪として走る車のようなものである」とするなら、その車のガソリンは、希望である。CM は、希望のある未来を語るものだ。希望は、人を幸福にする。だからこそ、CM をつくる仕事は、やりがいがあり、楽

しい。

　たしかに、社会や個人の生活で、インターネットの重要性はますます増大している。しかし、それによってCMのあらたな可能性も生まれている。YouTubeの登場で、テレビではオンエアーされなくても世界中で話題になるCMも可能になった。テレビとインターネットの連動を図るテレビCMも試みられている。今後は、インターネットによるコミュニケーションでも、CMのような動画コンテンツの重要性が増していくであろう。

　しかし、どんなにインターネットが普及・進化しても、テレビCMにはかなわないものがある。それは、同時に何十万・何百万もの人が見ることによる、CMの「共感を生む力」である。

　また、ブログ・Twitter・Facebookなどのソーシャルメディアとネット検索の普及によって、企業や商品の情報は、テレビCMより、速く、正確かつ詳細に、人々に伝わるようになった。当然、そこでは、CMの役割も変わる。端的にいって、CMは、もっとおもしろく、共感できるものでなければならなくなったのだ。なぜなら、今人々がCMに求めるものは、情報である以上に、楽しく見応えがあること、つまりエンターテイメント性だからである。また、おもしろいテレビCMは、「ウェブで検索」や「続きはウェブで」などという手段を使わなくても、それ自体がソーシャルメディア等で話題になって広がっていく。CMは、いわばコミュニケーション・ツール（人と人が、人とモノがつながる道具）になっていかなければならないのだ。

　未来のCMは、もはやテレビというワクからはみだして、CMとは呼べない何かになっていくのかもしれない。

(今村　直樹)

【参　考　文　献】

日経広告研究所編，2011，『広告白書』日本経済新聞社．

8 音楽を作る仕事

0 はじめに

「音楽を作る仕事」と聞いてどれだけの音楽を想像できるだろうか。そもそも、どれほど世のなかに音楽が溢れているか。たとえばCD売場、ネットの音楽ダウンロードのページ。どれだけの曲数、ジャンル、カテゴリーが存在するか。楽譜売場へ移動してみれば、そこの楽譜もすべて音楽家の仕事だ。テレビのなか、ドラマ・アニメ・バラエティ番組・ニュース・CM等々、一日中音楽が流れている。ラジオも同じだ。映画を盛り上げるには音楽は欠かせない。ゲームは音楽がなければほぼ成立しない。大人のゲーム、パチンコさえもうるさいぐらいに音楽が鳴る。オペラから小劇場の芝居まで舞台芸術も音楽は必須だ。ライブハウスではメジャーデビューを夢見るバンドが毎夜演奏している。路上にもいる。全国的に広まったよさこいソーランには、専門の作曲集団もある。スポーツ、フィギュアスケートやシンクロは音楽があって成立する。オリンピックの開会式を思い出してほしい。大きなイベントは音楽で盛り上がる。

このように、私たちの生活のいたる所に音楽が溢れていることがわかるだろうが、それでも作曲家・編曲家の仕事のほんの一部にすぎない。私が経験したものでは選挙用の応援歌作りというのもあった。これだけ例示して何が言いたいかというと、メディアの隆盛、技術の発達、文化の多様化、ひっくるめて社会の発展とともに音楽に携わる仕事というのは多様化と細分化を極めている、ということである。

① デジタル技術と音楽制作

1-1：シンセサイザーの進化と楽器演奏の必要性

　録音技術が確立するまで、音楽の伝播には「演奏」以外の手段はなかった。楽譜があっても、この世界に「音」を出現させるためには誰かが楽器を演奏しなければならなかった。つまり音楽の生産と楽器を弾くことは、ほぼ同義であった。作曲はたしかに楽器が弾けなくても、あるいはうまくなくても可能だ。たとえばチャップリンは、若い頃にチェロの自作曲を出版しているというから、楽器の知識はあったようだ（合庭 1994）が、ピアノを人差し指1本で叩いて作曲したという逸話がある。いずれにせよ誰かが楽器を弾かなければ作品を完結させることは不可能だ。そしてそれはモーツアルトの時代のような歴史的過去の事実ではなく、ついこのあいだまで真実であった。

　「スイッチト・オン・バッハ」(Carlos, Walter) という作品がある。1968年のリリースだ。使用楽器の「moog（発音はモーグが近いが、日本ではムーグと呼ぶことが多い）」は、それまで現代音楽などで効果音的な使い道しかなかった「電子音発信機」を、鍵盤を用いて容易に音階を奏でることができる「電子楽器」に進化させたのである。歴史上音楽を一変させた「シンセサイザー（シンセ）」という楽器のおひろめである。

　それからだいぶ時代が下って1988年、コルグ社からM1というシンセが発売される。当時24万8千円というこの楽器は、一気に作曲という行為をアマチュアまで広げた。なぜか。それは、M1が、「自分ひとりで曲を完成させること」を容易にしたからである。そのころひとりで曲を完成させるためには、

- ・音を出すための楽器「シンセサイザー」（当時のシンセは一台で同時に複数の音色を出せるものが少なかったゆえにシンセは複数必要なこともあった。）
- ・音をデータとして入力しかつ、シンセを自動演奏させる「シーケンサー」
- ・場合によっては、ドラムセットを演奏する「リズムマシン」
- ・歌や生楽器を録音するためには「MTR（マルチトラックレコーダーの略）」

などが必要だった。M1はこのうち「複数のシンセ」「リズムマシン」「シーケ

ンサー」を一つにしてしまった（ワークステーション化）。そして、もう一つ重要な要素がその音源システムだった[1]。最大の特徴は、電気的に音色を作り出すだけでなく、「実際の楽器の音をサンプリングした波形を使う」ことにあった。

　これによりシンセは「自分で音色を創作する楽器」という本来の性格だけでなく、「本物の楽器そっくりの音色を出す楽器」という新しい一面をもつことになる。以後のシンセを方向づける決定的な一歩だった[2]。この「オールインワン」の思想と「本物の楽器により近い音が出る」という点が曲作りに興味がある一般人に一線を越えさせた。何しろこれ一台使いこなせば、欲しい音色をその楽器を弾けずとも手に入れることができる。M1以降シンセは、「ある程度の知識さえあれば、人の手を借りずに自分ひとりで音楽を作り出せるような楽器」という意味づけで発展していくこととなる。

　私もそれまでのシンセに比べ、その音色の劇的な良質化には当時驚いた。もちろん本当の意味では「生楽器の代わり」にはならなかった。人が操る生楽器の微妙な表情をそう簡単にシンセで再現することはできない。その欠点は簡単に克服できるとは思えなかった。だが後に、実に明快な方法論とデジタル化技術がこれをクリアしていった。「微妙な表現が難しいのであれば、微妙な表現ごとすべて、片っ端からサンプリングしてしまえばよい」。

　サンプラーという機材は存在していた。音をサンプリングして鍵盤によって音階上に発音する楽器だ。だが、いうなればソフトが入っていない空のコンピュータのようなもの。使うためには自分でプログラムするか、ソフトを買ってインストールしなければならない。つまり、自分で音をサンプリングするか、サンプリングされたデータを購入しなければならなかった。

　CD1枚650MBで74分として、ざっと計算すると、仮にCDと同じ音質で10秒の音をモノラルでサンプリングするとデータ量はだいたい730KBぐらいというところか。この容量のデータを扱うことは20年も遡ればかなり大変なことだった。当時の標準、3.5インチ2HDフロッピーの容量が1.4MBしかないわけだから、複数の音色を装備するのがどれほど大変か。当時は音質を下げたり、サンプリング時間を短くして、上手に容量を稼いでいたのだ。

だが、いうまでもなくデジタル技術の進化は凄まじかった。CPUもメモリーも記憶媒体もあっという間に高速・大容量化した。単純に、大きなデータ量を扱うことが可能になれば、よりクオリティーの高い音色データを扱える。したがってシンセの音色はどんどん良くなり、サンプラーの音は生楽器の音に近くなっていった。これに伴って、もともと違う種類の楽器だったサンプラーとシンセサイザーは融合していく。

　一方で自明のことだがPCも凄まじく進歩した。PCで容易に大容量データが扱えるようになると、シンセとPC両者もやがて融合する（DTM＝デスクトップミュージック）。そして当初、シーケンサーの役割を担うだけだったPCは、徐々に音源の役割をも果たすようになっていく。

　真っ白な数十段の五線紙を思い浮かべてほしい。元来の作曲は、そこに音符を配置していく行為だ。縦軸の1段1段に異なる楽器を配置し、横軸の時間経過を追って曲を書く。そして演奏者が楽器を弾くことで音楽が発生する。さてこの作業を、そのままデジタルにして、かつ音を出そうと試みる。この場合デジタルの五線紙（1段1段をトラックまたはパートなどと呼ぶ）に入力されるのは、「どの高さの音を何拍（何秒間）鳴らしなさい」という命令になる。このデータ入力作業がいわゆる「打ち込み」である。命令に従ってシンセサイザーが音を出すことで音楽が生まれる。これが俗に「打ち込みで曲を作る」というものだ。（当然、ここに生演奏をプラスするという作り方もある）

　「打ち込み」はPCが高性能化すると、やがて直接音色データそのもの（波形データなどと呼ぶ）をトラックに貼りつけることができるようになる。最近では、1小節分ないし数小節丸ごと貼りつけることができる。ソフトサンプラーのライブラリには、単音色だけでなく、プロが作ったり演奏したりしたフレーズも含まれている。一つの楽器ごとに一つの音色データなどということはない。たとえば楽器を強く弾いた音と弱く弾いた音とでは、音色に違いがある。楽器特有の奏法もいろいろある。そうした違いも片っ端から網羅している。このソフトサンプラーの普及で、作曲家はオーケストラの音を手に入れることができた。今ゲーム音楽やドラマ、ハリウッドの映画でもオーケストラを使わないオーケ

ストラサウンドに溢れている。

　Macには「garage band」というソフトがついてくる。このたぐいのソフトは、インストールされている「演奏の断片」（フレーズサンプリング）をペタペタ貼りつけることで一曲作ることができる。曲作りはコピー＆ペーストにまで単純化され、いよいよ素人に容易な曲作り環境ができてきた。さらには「初音ミク」の登場で、ついに歌も歌手に歌ってもらわずともPCに歌わせることが可能になった。

1-2：Pro tools（プロツールス）の登場

　近年の音楽界の最大のパラダムシフトは、20世紀末ごろから普及した機材「Pro tools（略称ツールス）」である。MacをホストPCにして、マルチトラックのハードディスクレコーディングを容易に低価格で成し遂げた画期的システムで、今日、スタジオ機材が、ほぼツールスに切り替わっただけでなく、DAW＝デジタルオーディオワークステーションの草分けとして個人でもかなり使われている。

　ツールスが変えたこと、それは録音作業においても編集作業においてもほぼ「考えられるエディットは何でもできる」ようになったことである。

　すでに80年代にはデジタルのテープレス録音、かつさまざまな編集作業が可能な装置はあるにはあった。シンクラヴィアやフェアライトといったもので、日本でも当時小室哲哉らがシンクラヴィアを使用していたが、これらは軽く家一軒分ぐらいの高価な機材で、動作も不安定になりがち。とうてい個人で所有して扱えるような代物ではなかった。比べてツールスの優位性は明らかだ。

　デジタル化によって、編集や修正が容易になり、それゆえに、それまで修正できなかったことまで修正せざるをえなくなり、結果デジタル化前より作業時間はかえって長くなる、ということが、IT黎明期、トム・フォレスターに指摘されていた（公文1994）。こと録音作業においてはなおさら本当である。

　ツールスでは、音のタイミングの修正、切り貼り等は自由自在である。そのため昨今ではレコーディングエンジニアは、歌のピッチを修正するという（早

い話へたな歌を、うまく聞こえるようにするという）あらたに生まれた作業に従事している。

現在、音楽に限らずさまざまな創作の分野で、PC の普及と機材（ソフト）の低価格化が、素人の創作への参加を促し、クリエイティブ性を発揮しうる機会を与えている。また、プロにとっても機材の高機能化・高音質化は、作品を作家自身の手で「形」にすることを容易にした。発表はインターネット上でも可能だ。楽器を弾けない者にとっては、そのことに関係なく曲作りができるようになった。逆もいえる。楽器を弾ける者にとっても、作曲した作品を、他人の手にゆだねることなく完成させることができる。門戸が解放されクリエイターが一気に増加したことで、新しい才能の輩出が期待できる、という一方で、素人同然のクリエイターの乱立と、発注側の経済的な側面から「安かろう悪かろう」の世界に陥ってしまうという危惧も、また現状の問題である。

古い時代において、作曲者は演奏家であり、演奏家は作曲者であったことを思えば大きな原点回帰かもしれない。音楽を作る者とそれを表現する者とを、職業的に隔ててきた「楽器の演奏」という職人技が取り払われ、また演奏家が集まらなければ音楽が完成しないという物理的制約も取り払われた。しかしこれは「楽器ができなくても音が出せる」「作曲技法を知らなくても曲ができる」という安直なことではない。作曲家は演奏家の、演奏家は作曲家の、互いにその性格や能力を要請するという多才さをクリエイター一人ひとりに要求しているという意味で「回帰」なのだと思う。

❷ メディアのなかの音楽：合わせる、ということ

かつて録音スタジオで指揮者として活躍した吉澤博は、作曲家近衛秀麿に「映画や劇伴は生活のためだから妥協も必要だけれど、本目は一つの和音をその場所に置くことに、その人の全生命をかけられるような作品を作ることだ」（吉澤 1988 傍点は筆者）と語っている。メディアのなかの音楽は、絵や動きなど何かに「合わせる」という妥協があることで効果を発揮し、全体として作品の価値

を高めるものではないか。メディアのなかの音楽特有の作業として「合わせる」ということに着目し、音楽制作をみていきたい。

2-1：画像（え）と合わせる、尺を合わせる

劇の伴奏だから「劇伴」。劇の伴奏とは、音楽側からすればずいぶん卑下した言い方にも思えるが、つまり演劇、映画、テレビドラマ、アニメなどに付随する音楽をいう。

シーンに合った曲をつけていくことは当然のことだが、雰囲気が合っていればいいというだけではない。カット割りによって音楽を切り替えたり、絵の動きに音の動きを合わせたり、ということも必要だ。この一定の時間に対して音楽をあてはめていくことを、尺を合わせる、などという。

「Tempo」とはもともと「時」「時間」という意味で、音楽の絶対的な要素の一つとして大きな意味をもつ。音楽が時間の経過に伴って発生する芸術であるかぎり、時間の制約を受けざるをえない。

メディアもまた、時間で番組や作品を区切っている以上、時間にある程度縛られている。そこを場として音楽がある以上、音楽はまず「時間的制約ありき」で組み立てられる。今ではPCで制御することで音楽を尺に合わせることは造作もないが、かつては映像にぴったり音楽を合わせて演奏するために、作曲家の代わりに棒を振る専門の指揮者がいた。前出の吉澤はその第一人者であり、ストップウオッチ（30秒計！）と、計算尺（！）を手にラップタイムにみごと演奏を合わせかつ音楽的美しさは失わせないという名手であった。

テレビ番組などでは、決まった尺にいくつも楽曲を埋め込まなければならない。たとえばテンポを早く演奏すれば曲は短くなる。だがテンポは音楽の重要な要素であるから、これを極端に変更すると曲の印象が変わってしまうので、単純に尺に合わせるためだけのテンポチェンジはまったく得策ではない。時間制約の要請に応えるには、曲を破綻なく「切り貼り」することが必要になる。トークは編集で切るが、音楽は編曲で切るのだ。

2-2：キーを合わせる

　「笑っていいとも」の＜いいとも青年隊＞が＜〜少女隊＞に変わった時、オープニングテーマのキーが女声に合わせて変えられたことに気がついただろうか。「8時だヨ！全員集合」のオープニング「北海盆歌」は、2番をゲスト歌手に歌ってもらうために転調している。TBSラジオ「大沢悠里のゆうゆうワイド」のジングル（番組の節目に挿入される短い音楽の総称。）は出演ゲストが歌うため、低いキーや高いキーのカラオケも用意してある。男女によって、人によって声の出る音域は違う、という初歩的なことだが、意外と忘れられかねない要素だ。よってキー合わせは重要なのだ。「男女で一緒に歌う」という演出は、デュエット曲でないかぎり、一見簡単にみえて、歌手の能力に左右されるような、案外困難なことなのだ。

2-3：動きに合わせる

　芝居のように稽古を通してゆっくり作り上げていくような場合、作曲は演出家や俳優とのコミュニケーションのなかで練り上げることが可能だ。もっとも、なまじひとりで曲作りをしていると、演出家の意図に従って開演初日ぎりぎりまで曲を変更、などということもあるが。

　芝居やショー、また音楽番組で、ダンスなど振り付けの伴う場合、たいてい音楽が先行して作られ、後から振り付けに入る。こんな時はとくに打ち合わせでふれずとも、曲中ブレイクを所々入れるなど、ポーズをキメやすいような編曲を施すと、優秀な振付師なら暗黙のうちにポイントを押さえて振り付けしてくれるものだ。さらに優秀な照明さんなら、明かりもポーズに合わせてキメてくれるものである。

　日本映画全盛期の頃、その劇伴を支えた作曲家たち、山下毅郎や山本直純らの手法は今とはまた異なっていた。演奏家には、メロディとコードネームといった、大雑把なざっくりとした譜面を与え、各楽器にその場で演奏について指示を与えながら次々と録音をこなしていった（4拍子の譜面を見ながら「3拍子にして」などということもあったとか）。つまり、作曲家と、その意図を明確に汲み上げ

表現する演奏家とのコミュニケーションのなかで、ある種アドリブを含みつつ音楽を作り上げていった。だから、彼らが使うスタジオミュージシャンの顔ぶれはいつもだいたい固定されていた。

2-4：予算に合わせる

　商業音楽のなかでも、とくにメディアに付随する音楽は経済性にとても影響されざるをえない。今、世のなかで一番高い費用は人件費だ。音楽の演奏には人の手がかかる。それもプロの演奏家の……。だが幸か不幸か技術の進歩で、今や作曲家ひとりで曲を完成させることが可能になった。演奏家を何人も集めて録音するのか、作曲家ひとりでやるのか。音楽制作の形態は、クリエイターによる表現手段の選択、というわけに必ずしもいかない、発注側の予算や手間（当然ひとりで作った方が安く上がる）という事情によることも多い。

　弦セクションの場合、Violin 1st/2nd（以降 1st/2nd Vln.）, Viola（以降 Vla.）, Violin Cello（以降 Vc.）、時に Contrabass（以降 Cb.）という編成になる。たとえば大規模なオーケストラでは、1st Vln. 16人、2nd Vln. 14人、Vla. 12人、Vc. 10人、Cb. 8人という大所帯になることもある。

　これほどの大人数はともかく、弦に限らず音楽を豪華にすればするほど人間を使う。すなわち予算を食う。低予算であれば当然使う人数は削られてしまう。一方で作曲側では 1st Vln. だけで 10 人以上いるような大きな編成、もう少し現実的なそれぞれ 8/6/4/4/2、もっと減ってスタジオや歌番組でよくある 6/4/2/2/(0) や 4/4/2/2/ では、それぞれ編曲の仕方がまったく変わってくる。もっと縮小してダブルカルテット 2/2/2/2 やカルテットともなればさらに異なる。ここまで小編成になれば演奏家の能力もまた重要なポイントとなる。

　山本直純は予算のない劇伴では Vln. 6人（ないし8人）と Vc. 2人（Vla. なし）という編成をよく使った。田中公平はアニメ「トップをねらえ！」で、Vln. 4人＋シンセで低予算をクリアしたと語っている。少ない人数でも大勢の音にひけをとらない鳴らせ方、バランスを考慮した楽器構成と編曲技術が必要になる。

　山本直純は「劇伴なんて薄いほどよい」と語っていたという。「薄い」とは

「たくさんの楽器がいっぺんに鳴らない」という意味だ。端的にいえば「音楽がうるさくない」ということに近似する。ハリウッド的な大スペクタクル音楽の影響か、近頃の劇伴は、テレビドラマなどでも「厚い音」を求める傾向にあるように思える。劇伴が、その作品のなかだけの存在だった昔と違い、メディアミックスの浸透などの影響でなにかと作品が二次利用され、曲だけの鑑賞に堪えるものが望まれるという事情はあるだろう。だが、不必要に音楽が分厚くなることが決して良い方向だとは思わない。とりあえずリズムのループを時間軸に並べることから始まるような作曲手法は、ことさらその傾向に拍車をかけているのではないか。

芥川也寸志は「音楽は静寂との対決から生まれる」と言っている。以下の一節は、メディアと音楽のかかわりを意識して書かれたのではないが、しかしメディアのなかに音楽が浸透していく過程で、音楽が失わざるをえなかった要素を気づかせる一つの示唆ではないか。

> 音楽の鑑賞にとって決定的に重要な時間は、演奏が終わった瞬間、つまり最初の静寂が訪れたときである。……略……現代の演奏会が多分にショー化されたからとはいえ、鑑賞者にとって決定的に重要なこの瞬間が、演奏の終了をまたない拍手や歓声などでさえぎられることが多いのは、まことに不幸な習慣と言わざるをえない。静寂は、これらの意味において音楽の基礎である。（芥川1971）

（髙島　康太）

【注】

(1) コルグでは ai（advanced integrated）Synthesis System と名づけられた。
(2) サンプリング波形を利用する音源としては Roland D-50 に搭載された LA 音源が先行。

【参考文献】

合庭惇, 1994,『デジタル羊の夢——マルチメディアとポストモダン』河出書房新社.
芥川也寸志, 1971,『音楽の基礎』岩波書店.

居作昌果，1981，『これがドリフターズだ』サンケイ出版.
大野裕之，2005，『チャップリン再入門』生活人新書.
株式会社コルグ，2011（確認），「コルグミュージアム/M1」株式会社コルグホームページ
　　　（2011年8月20日取得 http://www.korg.co.jp/SoundMakeup/Museum/M1/）
公文俊平，1994，『アメリカの情報革命』NECクリエイティブ.
吉田望，1994，『マルチメディア社会の実像──メディア経済の視点から──』生産性出
　　　版.
吉澤博さんの友人たち（編集委員代表は黛敏郎），1988，『ヨッちゃん　吉澤博さんの思い
　　　出』（氏の友人らによる自費出版の回想録）
米山文明，1998，『声と日本人』平凡社.

9 出版物をつくる

0 はじめに

　筆者は1997年に㈱扶桑社という出版社に入り、約14年間で、雑誌「SPA!」の編集から、販売営業、広報宣伝、経営企画、デジタル事業と多岐にわたる業務を経験してきた。本章の「出版物をつくる」というタイトルからすると、本来なら経験豊富な編集者が本づくりのノウハウを説くのが筋なのかもしれない。だが、出版を取り巻く環境が激変する現状にあって、出版人に求められるのは、単に「本を制作する」テクニックだけでなく、作った出版物を売る、広めることも含まれるだろう。そのため、本章では筆者の経験をふまえ、市場動向の把握や電子出版の現状等に関しても紙面を大幅に割くこととしたい。

1 出版産業を取り巻く現状

　出版業界のなかでは十数年にわたって「出版不況」という言葉が広まっている。たしかに、各種統計資料を見ても出版市場の低下は明白であるし、著名な書店や出版社が苦境に陥り消えていく報道も跡を絶たない。
　しかし、だからといって「本離れ」「活字離れ」が起きているわけではない。出版物を入手する手段は、従来の新刊書店以外にも多様化している。さらには、インターネットの普及により、表現活動そのものが出版社でなくても誰でもできる時代になってきた。まずはその状況をみてみることとしよう。

1-1：出版市場の縮小

　出版科学研究所の調査によると、出版物の販売金額は減少の一途をたどって

いる。2010年における書籍販売金額は8831億円、雑誌販売金額は1兆919億円にとどまった。とくに雑誌は、2001年に比べて75.7％の水準まで落ち込んでしまっており、市場縮小にはどめがきかない。

　また、出版市場を支える書店の減少も、大きな課題となっている。全国の書店調査を行っているアルメディアによると、2000年時点で全国に2万1922軒あった書店は、2010年時点で1万5519軒にまで減少。大型書店の出店がみられる一方で、地域の中小書店の廃業があとを絶たず、読者が書店に行き本と接する機会はどんどん縮小してしまっている。

　とくに雑誌に関しては、重要な収益の柱である広告費の落ち込みも著しい。電通の発表する「日本の広告費」によると、雑誌広告費は2008年の4078億円から、2010年には2733億円にまで減少しており、マス4媒体（テレビ、新聞、ラジオ、雑誌）のなかでもその下落率は高い。不況下でもインターネット広告が上昇を続けるなかで、ターゲットメディアとしての雑誌は広告市場から非常に厳しい評価を受けている状況だ。

　出版産業関係の統計資料を見ていると「出版＝斜陽産業」という結論しか導き出すことはできないだろう。すでに従来通りの本作りをしていたとしても、儲けを得る場所はどんどん小さくなっているのが現状なのだ。

1-2：出版の多様化
(1) 同人市場、自費出版市場

　一方、拡大しているといえるのがインディペンデント市場だろう。個人や趣味サークル等が制作した雑誌、書籍、コミックなどを、イベントやインターネット、専門書店等で直接読者に販売するケースが非常に増えている。

　矢野経済研究所が「オタク市場に関する調査結果2010」でまとめた調査によると、同人誌市場は前年比4.7％増の640億円と推計されている。アニメやコミックに関心がない人であっても、「コミックマーケット」等の同人誌即売イベントの盛り上がりは周知のことだろう。大手の同人サークルのなかには、一回のイベントで数千部以上を販売するところもある。また、著名なマンガ家のな

かにも、商業誌での活動はある種の宣伝活動と割り切っており、同人誌での収入が中心になりつつある、という人さえ出てきている状況だ。

「同人誌＝オタク系のもの」という印象が強いが、実際は文芸小説専門の「文芸フリマ」が定期開催されたり、さまざまなジャンルで少部数の雑誌「リトルマガジン」が制作されて地域限定で販売されたりなど、インディペンデント出版の分野は昨今非常に多岐にわたっている。

さらには、個人の著者がみずから制作費などを負担し、出版社で本を制作し書店等に流通させる「自費出版」活動も盛んだ。「あなたの原稿が本になります」という新聞広告を見たことがある人は多いだろう。2008年に自費出版大手の新風舎が倒産するなどで、一時に比べるとブームは収まったようにみえているが、今でも自費出版を専門に手がける出版社から大手出版社のサイドビジネスまで、その市場規模は600億円以上ともいわれている。今後は、団塊世代が定年退職を迎え、シニアマーケットが拡大すると考えられる。「退職金を使って記念に本を書こう」という市場はこれからも大きくなるに違いない。

(2) デジタルメディアにおける「出版」活動

出版＝Publishingの本来の意味は「公にする」ということである。現在、インターネットによる表現活動が誰でも簡単にできるようになった現状を、日本においてブログメディアの普及に一役買った（株）インフォバーンの小林弘人氏は「『誰でもメディア』時代」と称しており、まさに現在は一億総表現者の時代になったといってよいだろう。

プロの書き手として活躍する作家、言論人のなかにもブログを効果的に用いているケースは数多い。さらにプロの出版社編集者も、著名なブログやTwitterのアカウントを拾い集め、出版企画の参考としている例が数限りなくある。今後も、インターネットメディアでの表現活動はプロ・アマ問わず拡大する一方であり、そのなかから次のあらたな書き手が出てくることは間違いない。

ブログなどでの表現活動は、おおむね無料でなされることが多く、書き手の収益源も、バナーやアフィリエイトなどの広告収入によるものが多かった。しかし、2010年に「電子書籍元年」とうたわれ、米国ではAmazonのKindleを

中心にした電子出版市場が一気に拡大をしたことで、読者から直接対価を得る電子出版にも注目が集まりつつあるといえよう。

日本でも、大手出版社が軒並み電子出版の部門を立ち上げて出版物の電子化に取り組む事例や、作家がみずから電子出版のレーベルを立ち上げ、独自にコンテンツを発表する事例が登場している。先にあげたような既存の出版市場が縮小しているなかで、あらたな市場獲得を目指してさまざまなプレイヤーが電子出版に着目を始めている。

本稿の校了直前である 2012 年 11 月には、Amazon が電子書籍販売を日本でスタートさせたことで、電子出版市場拡大の機運が高まりつつある。今後コンテンツの電子化が進むことは国外の情勢、IT 技術の向上等をみても明らかなことであり、今後は「紙も電子も」という視点で出版物をプロデュースしていかなければならないだろう。これに関しては、本章の最後にあらためて記すこととしたい。

❷ 出版プロデュースに必要な視点

出版市場は今まで、非常に優秀な取次・書店ルートという流通網をもっていたため、出版社は商品開発のみに力を注ぐことができていた。また、再販売価格維持制度が適用されていることもあって、価格競争といった部分にも目を向けずに済んでいた。しかし、前節であげた通り、既存の出版流通網のみに頼っていては縮小の一途をたどることは間違いがない。

もちろん、筆者は「売れさえすれば中身は何でもよい」と言いたいわけではない。しかし、どれだけ良い企画で、あらたな視点を社会に提供し、目にとまりさえすれば多くの人を魅了するコンテンツであっても、きちんとそれらを本として人に届けるための導線を設計しなければいけないだろうと強く感じている。

「出版」と一言でいっても、発表形態が多様化する現在では、売上・利益をあげる方法もさまざまである。「良い本さえ作れば売れる」時代ではなくなった

今、出版人にはディレクションのテクニックだけでなく、営業やマーケティングの視点が不可欠である。本節ではそれらをいくつかの項目に分けて整理する。

2-1：出版ビジネスモデルをどう組み立てるのか
（1）コンテンツを売ることで売り上げを立てる

出版ビジネスモデルの基本形が「読者に買ってもらう」販売モデルであることは疑う余地がないだろう。しかし、単に書店に並べてもらうだけでは、売れる状況は作れない。それにもあらたな手段の開発が求められている。

その一つが、「フリーミアム」という考え方である。これはクリス・アンダーソンの『フリー』（2009, NHK出版）で提唱された「〈無料〉からお金を生みだす新戦略」の一つとして提唱された「フリー」と「プレミアム」を合わせた造語である。簡潔にまとめると、サービスの基本部分をフリー（無料）で提供することでユーザを集め、高機能版や付加価値のあるサービスをプレミアムとして有料化するビジネスモデルを指す。とくに複製コストのかからないITサービスにおいては、基本版は無料、高機能版は有料という料金体系をとるケースが増えてきている。

これは、出版においても応用できることだろう。このフリーミアムの外見を提唱した『フリー』を販売するにあたり、NHK出版は、本書のPDF版を期間限定で無料ダウンロードができるプロモーションを実施した。本来なら2000円近くする本の内容をほぼそのまま無料配布してしまうというのは非常に大胆な試みだが、結果として本書は18万部を超えるベストセラーとなった。

また、コンテンツそのものをデジタル化するだけでなく、オンライン書店等のWebメディアをきちんと活用していくことも重要な施策であろう。一部の著者のあいだでは「Amazonキャンペーン」という手法が注目されている。これはファンに声をかけ、ある期間に集中してAmazonで本を購入してもらうことにより、自著をランキングの上位に上げる方法である。もともと「書店のランキング」の上位に自分の本を入れるために積極的に買い上げをする、というケースは昔からあったが、オンライン書店を使うことで、いっそうその効果は

強まっているといってよい。

　もちろん、リアル書店での販売にもあらたな視点で目を配る必要がある。筆者が本稿執筆時において一部の書店と取り組んでいるのは、販売期間がもともと短い月刊誌などの雑誌を、店頭でバックナンバーの長期販売や時限再販による値引き販売などを積極的に行い、返品削減と販売機会の向上を狙う試みである。「雑誌は次の号が出たら返品される」といった出版流通の今までの常識にとらわれず、書店という"メディア"で露出機会を増やす、というのも必要な策なのだと筆者は思っている。

　さらには、書店以外のルートで書籍を販売していくことも模索していくべきだろう。大型チェーン店化したヴィレッジヴァンガードのように、雑貨と書籍を組み合わせた店舗というのはかなり見慣れたものとなってきた。今後は、書籍以外の専門店とコラボレーションした販売展開をしていくことが重要なのではないかと個人的には思っている。本そのものもメディアではあるが、本が置かれている「場所」もまた、ひとつのメディアである、と筆者は意識している。出版企画を立てる時に「こんなところにこの本が置かれていたら面白そうだ」という発想をすることも、プロデュースの視点としては必要なのではないだろうか。

　(2) コンテンツの販売以外で収益を得る

　「本の販売以外のところで収益を得る」というモデルも、今後はいろいろな形で拡大していかなければならないだろう。もっとも簡単なのは雑誌に代表されるような「広告収入を得る」ということだろうが、残念ながら現状では、単に広告ページを開けていればクライアントが入ってくる、という時代ではない。出版社のコンテンツ制作能力を強みにして、紙の本やWebメディアなどを組み合わせ、広告主に魅力ある企画を提案できなければいけないだろう。

　ここ数年の傾向としては、メーカーなどの一般企業がみずから「自社メディア」をもちたがり、Webサイトの拡充を行っている点があげられる。大手企業のなかには、すでに何千万人という会員をWeb上にもっているケースもあり、こうなってくると出版メディアよりも一般企業のプロモーションメディアの方

がはるかに大きく、読者へのリーチが大きいメディアとなってくる。そのような状況では、企業メディアを出版社が製作し、一緒に運営を行っていく、というモデルも考えられるだろう。

また、もうひとつのモデルとしては「物販」ということがあげられる。カタログ通販というのが非常にわかりやすいのだが、ある商品やサービスの販売を促進するために本を使ってブランディングする、ということも盛んに行われている。

あるいは、書籍を購入してもらうことで、有料のイベントやセミナーに誘導する、という手もあるだろう。現実に、ビジネス系の出版社では、セミナーを本の販売ツールとして利用する一方で、あらたなビジネスとしてセミナー事業をとらえるケースも出てきている。そのような著者のなかには、いわゆる著者印税を0にする代わりに、その分をプロモーションなどにあて、自社のセミナーに誘導するという例もある。

2-2：出版プロデュースに今後必要な視点

次に、出版プロデュースを行うにあたって必要な視点、能力についてをまとめてみたい。筆者みずからがこの能力をもっているとはとてもいい難いのだが、みずからの目標・願望の意味もこめて以下に記す。

(1) ディレクションのための能力

当然ながら、「売れる本」を作るための最低条件として、クオリティの高い本、読者に求められる本を作る編集能力が必須であるのは間違いない。なかでも、編集者に必要なのは以下の4つの能力だと思う。

「企画力」：筆者自身が編集者となった時、当初は「自分が読みたいもの」という視点で企画をあげていったのだが、ある時期から完全にネタ切れになってしまった。人ひとりの興味の範囲というのはけっして大きいものではないのだ。ニュースやテレビ、本やネット、街中の様子、友人や恋人とのおしゃべりなど、ありとあらゆるところから「これって企画にならないだろうか」と考える発想や貪欲さ、また、あるAという対象をみた時に「これってBと組み合わせたら

どうなるだろう」と考えること、そういった訓練を日ごろから続けていってこそ、企画が生まれてくるものだ。

「人脈力」：筆者が「この人はすごい編集者だ」と思う人はたいてい、非常に顔が広く、意外なところに人脈をもっていることが多い。また、人同士を紹介して引き合わせることを厭わず、いろいろな会に顔を出したり、集まりを設けたり、人付き合いを大事にしている人が多い。また、昨今ではインターネット上でコミュニティを主催し、非常に多くの一般人や著者と対話をしている編集者というのもいる。やり方はいろいろあるが、「人と接すること」を嫌う人は、決して良い企画を生み出すことはできないだろう、と思う。

また、私のよく知る先輩編集者のなかには「あえて、自分とは異世界のなかにみずからを投じるようにしている」という人もいた。「自分には理解できない居心地の悪い世界で『なんで俺、ここにいなきゃいけないんだろう』『この人たちはいったい何を考えているんだろう』と考え出すことが、企画を考えるきっかけになる」と語っていた。これもあらたな視点を得るには興味深いやり方だと思われる。

「構成力」：やはり出版コンテンツを制作する以上、文章力や構成力はもっとも必要な能力であろう。ただ、単に文法的に正しい文章さえ書ければよい、というものでもない。プロデューサーや編集者に必要なのは、全体を大雑把にとらえて本自体のバランスをとる、俯瞰できる視点の方だと思われる。著者は総じて、自分の世界に入り込んで執筆をしてしまうため、全体の流れがみえてこなくなることが多い。著者と一緒にそのなかに入り込んでしまうのではなく、突き放した視点で著者の世界を疑ってみるくらいの方が、結果として良い構成となることの方が多いと思う。

「コスト意識」：過去の編集者のなかには、「経費で象を購入した」という"伝説"が流れたりする通り、とにかくカネに糸目をつけずクオリティの高いコンテンツを作りさえすればよい、という風潮が（とくに雑誌編集部のなかには）あった。しかし、さすがに昨今において、コスト意識のない編集者には仕事のお呼びがかからない、といってよいだろう。

これは単に節約をすればよい、という話ではない。本を作るにあたっても、著作者への原稿料だけでなく、紙代や印刷代、流通のためのコスト、宣伝のための費用など、さまざまなコストがかかっている。それらを総合的に試算し、きちんとコストコントロールができるようになること、そして、支払条件交渉をきちんと各場面で行っていくことが、出版においては重要なことであろうと思われる。それが結果として本の価格に跳ね返り、本の販売マーケティングプランにも関わってくるのだ。

　音楽や映画などの世界においては「製作（プロデュース）」と「制作（ディレクション）」は分業化されていて役割が違うものととらえられているが、出版編集の世界においては、編集者が両者を兼ねなければいけない。「自分は作る人だから」というのではなく、きちんとそのあたりも考えながらやっていかなければならないだろう。

(2) 著作権の知識、権利処理の意識

　出版物の制作においては、印税・原稿料などの交渉は長く口約束によって進められており、契約をきちんと締結するというケースは非常にまれであった。逆にいうと、作家からの原稿が遅延したとしても、出版社としては我慢して待つしか選択肢がなかった状況であった。他業種から比べると非常にあいまいな関係でビジネスを行っていた、といわざるをえない。

　しかし、今後出版物が電子化されて別のメディアで読めるようになったり、プロモーションのために一部コンテンツが切り出されて別の媒体に掲載されたり、といったことが活性化してくることがみえている現状にあっては、出版社と著作権者とのあいだでは、きちんと制作されたコンテンツについて、その利用の方法、対価などに関する取り決めを行わねばならない時代になっている。

　一つひとつの記事、著作権者に対して、きちんと契約を結ぶということは非常に煩雑である。しかし、個別に正式な契約書を交わさずとも、仕事を発注する上で、きちんと条件を明示しておくこと、何かあった時にきちんとコミュニケーションをとって「知らずに進んでいた」ということがないようにしておくこと、などの基本を徹底することが重要である。

お互いに、ガチガチに法律に縛られてしまうべきではない。きちんと著作権等についての基本知識をもった上で、著作者等に敬意を払い、きちんとした説明ができるようになる、ことがまず重要なことだと思う。「難しいことはよくわからないから、会社の法務部に任せています、契約書の中身は難しいからよくわかりません」という状況は言語道断であろう。

さらに、新聞記事の転載や資料写真の使用、翻訳出版契約などといった際にも、きちんとした権利処理、法的知識が重視されている。たとえば最近では、講談社が2010年から刊行していた「世界遺産」をテーマとした分冊百科で、写真使用に関する問題が誌面から多数見つかり、30号以上にわたって書店から回収する、という騒動が起こっている。編集現場でのあいまいな権利処理が、後に大きな損害を引き起こす、というリスクには注意を払うべきであろう。

(3) 流通・プロモーションの知識

今の時代の編集者にとくに求められているのは「作った本を売る」力であろうと思われる。出版社に勤務している編集者なら社内には営業部門の担当者がいるだろうが、営業のみに任せることなく、かといって独自に暴走するわけでなく、コミュニケーションをとりながら、一緒に宣伝や販促の手法を考えていく、という態度が必要なのだと思う。その本の強みや魅力を一番わかっているのは当然ながら編集者である。一方で、営業はその商品を市場の視点から客観的にとらえ、編集とは違ったウリのポイントを見出すことができるかもしれない。筆者はある書店人から「編集と営業の仲が良い会社ほど、ヒット作を生み出す傾向が強い」という話を聞いたことがある。お互いがお互いの仕事を理解し、目標を共有する姿勢が必要なのだと思う。

また、現在では著者の方が自分でブログやメルマガを通して読者を囲い込んでおり、そちらに案内を流せばファンがすぐに本を買ってくれる、といった状況も多い。著者や周辺のネットワークを生かした告知も重要なことだ。

とくに昨今は、ソーシャルメディアを使ったプロモーションがさかんに行われている。この期に及んで「インターネットは苦手だ」というのは編集者としては致命的である、と筆者は思う。『もしドラ』などのヒット作を飛ばしている

ダイヤモンド社では、編集者みずからが実名のアカウントで Twitter を活用している人が多く、プライベートなつぶやきから、読者への告知、コミュニケーションに活用しているさまが見てとれる。

出版メディアはそもそも、テレビや新聞等のマス媒体とは異なり、趣味嗜好のはっきりした層に向けて作られるターゲットメディアであった。しかし、インターネットが登場することで、より絞り込んだ層に対して情報発信・共有を行うことがネットメディア上で可能となっている。これを単なる脅威、競合ととらえて逃げ回っていては先がない。出版とデジタルメディアは親和性が高いもの、ととらえて両者を利用し、相乗効果を狙う考え方が今後の出版活動には必要なのだと思われる。

③ 電子出版時代をどうとらえるか

インプレスR&Dの調査によると、2010年における日本の電子出版市場は650億円と推計されており、まだまだ規模は小さいものの着実に成長を遂げている。ただ、今までの日本の電子出版市場はコミックやアダルト色の強いエンターテインメントが中心であり、いわゆる活字中心の書籍が本格的に売れているとはいい難いのが現状だ。

しかし、アメリカでは Amazon が手がける電子書籍専用端末 Kindle が好調に成長しており、すでに Amazon のなかにおける紙の本の売り上げ数を電子書籍が上回った、という報道もなされている。アメリカで売れているのはロマンス小説などのエンターテインメントやビジネス書など幅広く、ベストセラーが安くすぐに購入できるとのことで、読書家からの評判も高い。

米国で電子書籍が急激に普及したのは、書店市場の衰退が背景にあったからともいえるだろう。米国第二位の巨大書店チェーンであるボーダーズが2011年2月に倒産するなど、日本以上にリアル書店が苦境に立たされている。そのようななかにあっては、電子書籍でないと本に接することのできない読者があふれているのだともいえる。

一方日本においては、減少の一途をたどっているとはいえ、まだまだ書店の数は多く、コンビニエンスストアも合わせると6万軒以上の本の売り場があるといわれている。さらには、日本の書籍は文庫や新書など低価格のものも多いため、電子で購入することによる価格差メリットもあまり感じることができない。そう考えると、電子出版への進行は米国に比べると緩やかなものになるだろうと筆者は予測している。

とはいえ、作り手の立場からすると、電子出版はひとつのトライアル市場としては非常に魅力的だ。筆者は、ある取次会社の経営者が「今後、取次の仕入れ窓口では『紙の本にしないで電子書籍にしてテストマーケティングしましょう』という交渉もしていいのではないか」という趣旨の発言をしているのを聞いたことがある。電子書籍は紙の本に比べると、印刷・製本・在庫管理のコストが抑えられ、一部からでも販売をスタートすることができるので、より低リスクで出版に踏み切ることができる。さらには、紙の本にするには最低100ページ分の原稿を集めなければ、といったことを考える必要もない。極端なことをいえば、「短編小説1本10円」みたいな販売方法も今後できるかもしれない。

そして、電子出版のもう一つのメリットは、紙の本とは異なる表現をすることができる点だ。動画や音声といった、紙ではできない表現を入れることも可能である（その分の制作コストは別にかかるが）。また、著者と読者がコミュニケーションを取りながら自由自在に内容が改変されていく書籍、というものもあるかもしれない。これは間違いなく、紙の本だけでは実現のできない企画だ。

2006～2007年頃、女子高生などのあいだで大ブームとなった「ケータイ小説」はその一つの表れだろう。ケータイ小説の書き手は、日々読者から寄せられるコメントを読み、彼女たちのリクエストに応える形で小説の筋書きそのものも自由に変えることが当たり前だったという。著者と読者がコミュニケーションをとりながら変化していくコンテンツ、というのは、従来の紙の書籍出版をベースとした展開では到底実現できないものであったろう。

現状の電子出版の流れは、「今ある紙の本をデジタル化する」ことで、「流通の多様化」を促す方向が中心である。しかし、今後考えるべきことは、デジタ

ルメディア上だからできる「表現の多様化」にチャレンジをしていくべきであろう。これから出版プロデュースの世界に取り組まれる皆様には、ぜひともわれわれとともに、あらたな出版表現の時代を切り開く意気込みを見せていただきたいと思う。

(梶原　治樹)

【参　考　文　献】

全国出版協会，2011,『出版指標年報』全国出版協会.
川井良介編，2006,『出版メディア入門』日本評論社.
矢野経済研究所，2011,「オタク市場」に関する調査結果 2011, YRI マーケット Now!〜市場調査結果サマリー〜 より入手 http://www.yano.co.jp/press/pdf/863.pdf
小林弘人，2009,『新世紀メディア論　新聞・雑誌が死ぬ前に』バジリコ.
Chris. Anderson, 2009, *FREE*：*The Future of a Radical Price*, Hyperion.（＝ 2009, 高橋則明訳『フリー 〈無料〉からお金を生み出す新戦略』／NHK 出版）
岡本真・仲俣暁生編著，2010,『ブックビジネス 2.0』実業之日本社.
福井健策，2011,『ビジネスパーソンのための契約の教科書』文藝春秋.
山田奨治，2011,『日本の著作権はこんなに厳しいのか』人文書院.

10 ルポルタージュの力

0 はじめに

　私はここで「ルポルタージュ論」や「ルポルタージュの書き方のノウハウ」について言及するつもりはないし、そうする能力も私にはない。ただ、私自身がフリーランスのジャーナリストとして過去に著作として発表したルポルタージュについて、その動機や取材・執筆過程など自分自身とその作品について紹介する。

　第1節では、私がジャーナリストを志すきっかけとなったあるルポルタージュとその魅力について述べる。第2節では私の最初の作品であるイスラエル占領地ルポ『占領と民衆──パレスチナ』の狙いと準備・取材・執筆過程を紹介する。第3節では、1991年の湾岸戦争時に注目された『アメリカのユダヤ人』執筆の動機、アメリカ取材の体験、言葉の壁などについて言及する。第4節では、著書『沈黙を破る』と同名のドキュメンタリー映画との補完関係、インタビューによる証言ルポという手法について書く。最後に"伝える"という仕事で私の目指すものについてふれる。

1 ルポルタージュの"力"

1-1：『戦場の村』（本多勝一著）との出会い

　私はフリーランスのジャーナリストであり、新聞社や雑誌社など組織ジャーナリズムのなかで体系的にルポルタージュ（ルポ）の書き方を先輩や上司から教えてもらった体験がない。文字通り、現場で試行錯誤しながら、自己流の手法でルポを書いてきた。そんな私にとって数々のルポの名作は文字通り手本だっ

た。なかでも私が決定的な影響を受けたのは、元朝日新聞記者、本多勝一氏のルポ『戦場の村』だった。

　もう30数年前の大学時代、はじめてこの本を読んだとき、私は未知のベトナムとその国で起こった戦争の現場にタイムスリップしたような錯覚に襲われた。とりわけ衝撃を受けた場面は、サイゴン郊外の陸軍墓地での戦死した南ベトナム政府軍兵士の埋葬シーンである。本多氏はまず、墓参りをする遺族たちの様子を詳細に描写する。また葬式場で戦死した息子の棺に寄り添う母親に、息子の背景と戦死した様子を細かく語らせる。さらに翌日の葬式では、上官が読み上げる弔辞の内容、棺が埋葬される様子、悲嘆にくれる妹ら遺族の一人ひとりの表情が細かく、しかも淡々と感情に流されない"乾いた文章"で描写される。そして最後は「お兄さん、私を捨てて行くの！」というベトナム語の叫び声で終わる。私はこの章を読み終えたとき、呆然となった。墓地でのその光景が、映画でも見るように脳裏に浮かび、妹の叫び声が聞こえてくるような錯覚に陥ったのだ。その時、報道のなかの遠い出来事であった「ベトナム戦争」が実は、私と同じ人間がこんな状況に追い込まれる現実なのだとはじめて実感した。私は、ルポの力に圧倒された。そしてこんなルポを一生のうち一度でもいい、書いてみたいと心底思った。私がジャーナリストを志した瞬間である。

　本多氏はその著書『ルポルタージュの方法』のなかでこう書いている。

　　効果的な部分だけをとりあげ、あとの材料は思いきって全部捨てる。そのかわり、とりあげた部分については、徹底的に微細に描く、具体的にどのように微細かはルポに書かれている通りですが、ひとことで言えば、それは読者がたとえば映画を見るように現場を想像できるような描き方です。（本多 1974：172）

　その後、私自身がルポを書くようになったとき、本多氏のこの言葉は私のルポの書き方の基本となった。

　もう一つ、本多氏のルポから学んだことが、"住み込み"という取材法で"人間"とその"生活"を丹念に描くことである。「ベトナム人」のように日本人に

なじみのない人たちを、自分たちと同じように、家族を慈しみ、自分とその家族のより良い生活を求めて葛藤し、その将来の夢と希望の実現のために懸命に努力する人間たちであることを読者に認識させること——日本から遠い世界の出来事を描くときの前提条件だということを、私は本多氏の『戦場の村』から学んだ。それは「ベトナム人」以上に日本人になじみのない、遠い「パレスチナ人」に起こっていることを伝えるとき、不可欠なことだった。「パレスチナ人も日本人の自分たちと"感情をもった同じ人間"である」ことをどうやって伝えるか、それが私のパレスチナ報道の大きな課題だった。私の最初のルポ『占領と民衆——パレスチナ』は試行錯誤しながらその課題と格闘した結果に生まれた作品である。

❷　『占領と民衆——パレスチナ』（1988）

　『戦場の村』のようなルポを一生のうち一度でもいいから書いてみたい——その衝動が発端だった。私はその現場を、学生時代の１年半の放浪の旅の途上で出会った"パレスチナ・イスラエル"に狙いを定めた。しかし大学を出たばかりで何の技術も経験ももち合わせていなかった。それを身につけるために私はパレスチナ解放機構（PLO）東京事務所が発行する中東専門月刊誌の編集記者になった。事務所に出入りするプロのカメラマン、新聞記者らジャーナリストの仕事に刺激を受けながら、見よう見まね、手探りで写真とルポの書き方を学んでいった。雑誌が廃刊になった２年後に退職し、今度は取材の資金を稼ぐために、新聞の求人広告で見つけたサウジアラビアでの日本企業の駐在員の職を得た。1984年春から１年間、私はサウジの東岸のある工業都市に勤務することになる。サウジでの駐在員の仕事を選んだのは、食住の費用は会社負担で資金が短期間で稼ぎやすく、しかもアラブ世界を体験でき、将来の取材に必要なアラビア語が学べると判断したからである。結局、言葉の方は自分の努力と能力不足のために目的を果たせなかったが、現地を１年近く取材できるだけの資金はできた。
　１年後に退社した私は、パレスチナの占領地取材の準備に取りかかった。

私が"パレスチナの占領地"を選んだ理由の1つは、それまで国内外の政治や社会情勢にまったく関心のない"ノンポリ"だった私がはじめてその現実を目の当たりにし、その後の人生の方向を変えられるほどの衝撃を受けた土地であったこと、そしてもう1つは、これまで日本で伝えられていた「過激なテロリスト」「悲惨な難民」というステレオタイプの"パレスチナ人"像と異なる現地の"人間"とその生活を描きたいと願ったからである。つまり本多氏が"ベトナム"を舞台にやった仕事を、私は"パレスチナ占領地"を舞台にやってみたいと考えたのである。

　占領地のルポで、2つのことに力点を置こうと考えていた。1つは前述したように「"人間"とその生活」を描くこと。もう1つは、センセーショナルな事件や目に見える暴力を中心に描くのではなく、占領地で日常的に起こっている産業基盤・生活基盤や住民の基本的人権の破壊など、いわゆる"構造的な暴力"を具体的な実例を通してあぶり出すこと、である。

　私の取材は、ヨルダン川西岸とガザ地区の難民キャンプ、村、町など占領地全域に及んだが、そのアプローチの道には主に2つあった。1つは現地の英字新聞である。イスラエル軍による住民の殺戮や拘束、土地没収や家破壊など取材すべき事件の記事を見つけると、とにかく、独り乗り合いタクシーを乗り継ぎ現場へ行く。現地に着くと、住民から英語と片言のアラビア語で当事者の家を聞き出し案内してもらう。外国人など滅多に来ない村に、珍しい日本人がやってきたというので、野次馬が集まってくる。そのなかには片言でも英語が話せる人が一人ぐらいいるものだ。高校生でも片言の英語はしゃべる。当事者またはその家族への私の英語の質問を、その住民がアラビア語で相手に伝え、返ってくるアラビア語の答えをその「通訳」が英語であらましを伝えてくれる。これは次の質問のために役に立つが、そのまま記事にはできないから、私はテープレコーダーで証言を全部録音する。持ち帰ったテープを私の下宿先の周辺で英語のできる青年や、大学で知りあった学生たちに英訳してもらう。結局、1年半で私の取材テープは数百時間に及んだ。翻訳が追いつかず困り果てていると、大学で英語を教える講師の知人が、「今日の課題はテープの英訳です」と自

分の授業のなかで学生たちに配布し、大量の翻訳を助けてくれた。

現場へのもう1つのアプローチの道は、ヨルダン川西岸にある、"占領への抵抗の拠点"となっていた名門ビルゼート大学で知りあった学生たちだった。現地入りした直後、私はこの大学で社会学とアラビア語会話を学ぶため1ヵ月間の夏季講座に参加した。この大学にはヨルダン川西岸はもちろん、遠くガザ地区からも選び抜かれた優秀な青年たちが集まってくる。つまり大学には占領地全域からの青年たちがいて、彼らをたどっていけば占領地各地を訪ねることができるわけだ。独りではなかなか入りにくい僻地の農村や難民キャンプの出身の学生たちの家族を訪ね、数日住み込み、その家庭の日常生活、さらにその村や難民キャンプの現状を内側から取材することができたのは、ビルゼート大学の学生たちによるところが大きい。

❸ 『アメリカのユダヤ人』(1991)と『アメリカのパレスチナ人』(1990)

アメリカ取材を思い立ったのも、ビルゼート大学での夏季講座の体験がきっかけだった。同じクラスで学んでいたユダヤ系アメリカ人、マーティ・ルーゼンベルスが、私がパレスチナを離れるのとほぼ同時期に帰国した。1986年9月、1年半のパレスチナ取材を終えた私は、彼を追うようにしてはじめてアメリカの土を踏んだ。パレスチナ占領地を取材し、その実態を知れば知るほど、「なぜアメリカは、この占領を終息させるために動こうとしないばかりか、逆に占領を続けるイスラエルを政治的、経済的に支援し続けるのか」という疑問が私のなかに膨らんでいった。マーティは、そんな私に多くの示唆を与えてくれた。その1つが、アメリカ政府の中東政策に大きな影響力をもつといわれる在米ユダヤ人の存在だった。彼は在米ユダヤ人の実態やその政治力、イスラエルとの関係などについて、まったく知らなかった世界へと私を、導いてくれたのである。

まず私は故郷ニュージャージー州に戻ったマーティを訪ね、彼が紹介してくれたニューヨーク、ボストン、シカゴに住む彼の友人、知人のユダヤ人たちを訪ね歩いた。在米ユダヤ人組織の取材から始めるのではなく、在米ユダヤ人の個々

人と出会い、その考えや人柄、生活に直接ふれることから取材を始めたことで、私は在米ユダヤ人に対するいびつな幻想や偏見から自由になれた、と今思い返す。この最初のアメリカ取材以来、翌年の1987年、88年、89年、そして90年と通算約9ヵ月にわたって、アメリカ東岸や西岸の主要都市を回って取材を続けた。

　この取材のなかでもっとも時間とエネルギーを要したのは、「イスラエル・ロビー」(イスラエルのために議会で政治活動をする団体)の取材だった。その手がかりを得たのは、シカゴ在住の在米パレスチナ人医者を取材していた時だった。彼は「この本は面白いよ」と私に1冊の本を手渡した。『THEY DARE TO SPEAK OUT（彼らは敢えて証言する）』というその本は、22年間の下院議員の座をイスラエル・ロビーによって追われたポール・フィンドリー氏が2年がかりの取材と調査によってまとめ上げた著書だった。これを読んだとき、私は「なぜアメリカはイスラエルを政治的、経済的に支援し続けるのか」という疑問の答えを見つけたような衝撃と感動を覚えた。しかし、もし実際に取材するなら、この著書に登場するような元議員たちや、ユダヤ人組織、アラブ組織のトップや幹部へのインタビューが不可欠だ。アメリカ国内に支局をもつ日本のテレビ局や新聞社の組織ジャーナリストならともかく、遠い日本のまだ青臭い無名のフリージャーナリストの取材要請を受け入れてくれるか、まったくあてもなかった。しかも相手は多忙な有名人である。彼らにどうアプローチしたらいいものかもわからず途方に暮れるばかりだった。当時は今のような便利な電子メールもなく、アメリカ人の友人のアドバイスに従ってとにかく電話で取材の申し込みをするしかなかった。しかし意外だったのは、勇気をふり絞って探し出した電話番号に電話し、自己紹介と取材の趣旨を告げると、秘書たちは空いている時間を告げ、拍子抜けするくらいすんなりと取材を受け入れてくれた。「無名のフリージャーナリスト」は相手にもしないおおかたの日本の政治家たちとは違う、アメリカの政治家や組織人たちの懐の深さに驚き、感動した。

　私が現地で英語でインタビューするとき、内容をその場で正確にメモし記録するほどの英語力はなく、どうしても録音テープに頼らざるをえなかった。内容に正確を期すために、私は何度も録音テープを聞き返し、英語のインタビュ

一内容を一文ごと日本語に訳していった。通算9ヵ月に及ぶ取材の膨大な録音テープの翻訳だけでも長い年月を要した。会社の金で自由に翻訳家を雇える組織ジャーナリストとは違い、そんな資金もないためすべて自腹を切ってやらなければならない私は、その翻訳を自分でやるしかなかった。しかし、それはマイナスだけではなかった。テープで聞き返すことで、現場では緊張して気づかなかった相手の言葉の抑揚や詰まり、話の間に、話し手の心中の一端をあらためて読みとれ、執筆に大きな助けになった。どうしても聞きとれない部分、理解できない部分は、アメリカ人の知人に助けを請うた。その大量の翻訳文と現地で集めた資料、それに私の取材ノートの記録と現地での体験の記憶を組み合わせ、仕上がったのが『アメリカのユダヤ人』と『アメリカのパレスチナ人』の2冊の拙著である。

4　『沈黙を破る』（2008）

　長年占領地でイスラエル兵士たちの言動を目の当たりにしながら、私がずっと抱いていた疑問の1つは、「イスラエル国内の街角では、世界のどこにでも出会う普通の若者のように見える彼らが、いったん、軍服を着て占領地に立つと、どうしてあれほど凶暴で傲慢な兵士になってしまうのか」ということだった。いつかあの兵士たちに直接インタビューしたいという私の願いが現実のものとなったのは、占領地での取材を始めて20年ほどが経った2005年だった。占領地での自らの行動を写真と映像で記録し、イスラエル社会にはじめて公にした「沈黙を破る」という元イスラエル軍将兵たちのグループのリーダーたちへのインタビューがやっと実現した。その証言をまとめたのが『沈黙を破る』である。

　元イスラエル将兵が占領地での加害とそのなかで"自分が壊れていく"現実を告白したこの証言集は、私のジャーナリスト人生のなかでも重要な意味をもつ。私は"パレスチナ・イスラエル"をライフワークにしてきたが、もう一方で学生時代からもう1つのテーマ"日本の加害歴史"を追い続けてきた。あまり接点がないように思えた両者が私のなかではじめて重なりあったのが、『沈黙

を破る』だったのである。私は元イスラエル将兵にインタビューしながら、中国大陸での旧日本軍将兵の声を重ね合わせていた。国内では優しい父親や息子だった青年たちが、いったん、侵略し占領する兵士になったとき、その人間性を喪失し"壊れていく"──その現実が恐ろしいほど共通していたのである。「日本人の私が、なぜ遠い"パレスチナ・イスラエル"を追い続けるのか」という問いへの答えを私はやっと見出したような気がした。

　このインタビューはこれまでとは少し違うところがある。長年、占領地を取材し続けてきた私は、ある意味では、語る元将兵たち以上に占領下の実情に精通していた。また私が現地の当事者たちとは無関係の日本人でありながら、単に興味本位で訊いているのではなく、自国のかつての兵士たちの体験と重ね合わせ、"自分自身の問題"として訊こうとしていることを彼らが感じとったことによって、彼らは聞き手の私にはごまかしは効かない、真剣勝負しなければならないと腹をくくり、より深い心情を吐露してくれたと思う。インタビューは"太鼓"と同じで、こちらが強く叩けば強い音を響かせる。こちらが他人ごととして興味本位で訊くのではなく、自分の生き様にまで引き寄せ、自身の問題として問いかけていく、そのためにこちらも"裸"になり自分をさらけ出す真剣勝負をしなければ、相手の懐に飛び込み、真意を引き出すことはできない。それが元将兵たちへのインタビューで得た教訓だった。

　『沈黙を破る』のなかで、これまでの私のパレスチナ関連の著書とはまったく趣の違う章がある。最終章「旧日本軍将兵とイスラエル軍将兵」で、私はパレスチナ問題を日本の問題に引き寄せるため、旧日本軍将兵の心理に精通した精神科医、野田正彰氏に、イスラエル将兵たちへのインタビュー原稿を読み解いてもらい、両者の共通点と違いを分析してもらった。それは日本人の私がライフワークとしてパレスチナ問題に関わる意味を模索する作業の一つだった。

❺　"伝える"という仕事

　1993年ごろから、私は活字から映像に軸足を移し始めた。"硬派"の雑誌が

次々と廃刊になり、海外の問題に関するルポを発表できる活字媒体が急減したことが大きな理由の一つである。以後、私はパレスチナやアジア諸国を映像で取材して回り、それをテレビで放映すると同時に、その映像記録を文字化したルポを雑誌や著書として発表するようになった。現場の光景や音、インタビューの声が記録される映像は、私にとって貴重な"取材ノート"代わりにもなった。現場では見逃していた周囲の情景や人びとの表情も映像によって改めて気づかされることも少なくない。しかし圧倒的な伝達力をもつ映像も、テレビのドキュメンタリーのテレビ番組や映画にまとめるとき、どうしても欠落してしまう部分がある。その典型がインタビューである。限られた時間の枠のなかでは、使えるインタビューはわずかだ。しかし漏れてしまった語りのなかには重要な要素も少なくない。それは活字媒体で補うしかない。映像が中心になった後の私の著作に証言集が多くなったのはそういう理由からである。

　私が理想とするルポやドキュメンタリー映像は、読者や視聴者を"現場へ連れて行く"ような作品である。彼らがまるで現場に立たされているような錯覚を起こし、その"伝え手"の存在がスッと消えてしまう——そんなルポやドキュメンタリー映像を目標としている。だからといって、"伝え手"の主観がないのではない。どういう素材を伝えるか、どういう言葉を伝えるかを選択するのは伝え手である。その選択そのものが伝え手の主張であり思想である。いったん、"伝えるべきことがら"が決まれば、それを読者や視聴者の前に提示する時、伝え手は"黒子"となって、そのことがらをもつ"手"が見えないようにそっとさし出す。そんなルポやドキュメンタリーができればと私は願い、今ももがいている。

　　　　　　　　　　　　　　　　　　　　　　　　　　　　（土井　敏邦）

【参考文献】

土井敏邦，1988，『占領と民衆——パレスチナ』晩声社．
土井敏邦，1990，『アメリカのパレスチナ人』すずさわ書店．
土井敏邦，1991，『アメリカのユダヤ人』岩波書店．
土井敏邦，2008，『沈黙を破る——元イスラエル軍将兵が語る"占領"』岩波書店．
本多勝一，1974，『戦場の村』朝日新聞社．

11 アニメーションをつくる

0 はじめに

　日本で日々大量につくられているアニメーションは、セルアニメーションと呼ばれる。1930年代に、背景画の上でキャラクターを自由に動かすために無色透明なフイルム"セルロイド"が使用されはじめたことからこの名称がついた。時代が進んでセルは塩化ビニール製へと変わったが、セルという呼称は残った。現在は、コンピュータを使用しての制作が主となっているが、その制作システムと表現スタイルはセルアニメーションのそれを受け継いでいる。

　日本のセルアニメーションの世界は、細かに分業化されシステム化した集団制作でつくられる。それも、作画プロダクション、背景プロダクション、撮影プロダクションなどと、職能職種ごとに職場が分かれ、プロデュースを担う製作会社のもとで相互に連携しあってアニメーションを制作する。それぞれの職場やスタッフを、有機的に結びつけて制作活動を推し進めるまとめ役が、プロデューサーと監督（演出）である。制作費を含む制作管理面での統括をプロデューサーが、表現面の統括を監督が負うことになる。

　ここではセルアニメーションを取り上げ、「アニメーションにしたい」と思った作品をどのように企画して制作に至るのかまでを、具体的な体験を通じて紹介したい。

1 企画をつくる

1-1：『鬼がら』との出会い

　私は、1993年に中国人強制連行の悲劇を題材にした長編アニメーション『ラ

イヤンツーリーのうた』（制作：虫プロダクション）の監督を務め、94 年春に完成させた。原作は、児童文学者のたかしよいち氏の『北の逃亡者』（理論社）。それが縁で、たかしよいち氏から創作民話の豪華本『鬼がら』のプレゼントがあった。不思議なタイトル『鬼がら』を一読した私は、これぞアニメーションにしたい作品だと思った。

　『鬼がら』は、次のようなストーリーだった。

　椎葉（宮崎県椎葉村）に住む若者与助は、山中で青鬼が脱皮して赤鬼となるところを目撃する。鬼の抜け殻、"鬼がら"を手に入れた与助は、それを着て、青鬼に化けて村人を驚かし、食べ物を奪っては山中でひとり遊ぶ。やがて、人間に戻ろうとするが鬼がらは与助の肌に吸いついて脱ぐことができない。悲しむ与助の前に現れた赤鬼は、「人間に戻りたければ、人知れず村人のために働け。しかし、その姿を人目にさらすと二度と人間の世界には戻れなくなるぞ」と忠告して消える。鬼の与助は山中で炭を焼き、村人にひそかに届け続ける。やがてその善行が実り、与助は鬼がらから脱皮して人間に還ることができたのだった。

　"人間らしく生きる"その普遍的な主題を、鬼の抜け殻を身にまとう荒唐無稽な着想で展開するストーリーは、奇抜で面白かった。子どもたちはおどろき、人間らしく生きることの意味を学べるだろう。大人の私にも、味わい深いものが残った。

　戦後の貧しい時代から追いつけ追い越せと生きてきた私たちは、今、さまざまな鬼となってはいまいか。受験の鬼、仕事の鬼、開発の鬼。気がつけば、疎外感あふれる社会のただなかにいる。新しい生き方を見出さねばいけない曲がり角に立っても、長年にわたって身に染みついた生き方はそう簡単に脱ぎ捨てられるものではない。そして、翌 1995 年に私たちは戦後 50 年を迎える。侵略戦争でアジアの近隣諸国の人々に甚大な犠牲を与え「日本人の鬼」と呼ばれてから、いまだその信頼を十分に回復できずに右往左往している。鬼から人間に戻りたいともがく与助の姿は、私たちの姿と重なってみえた。私は、『鬼がら』のアニメーション化を決意した。

1-2：この指とまれ

　演出家が決意したからといって、アニメーションの制作が始まるわけではない。分業化された制作システムのなかで働く私には、仲間たちの賛同と、その活動を支える製作資金の確保の道筋がみえないと企画としては成り立たない。私は、作品の魅力を語り、賛同者を増やすことから始めた。

　当時の私は、練馬にある虫プロダクション（株）で仕事をしていた。想いを企画として動かすには、まずは職場の経営者の同意がいる。公表できる企画書を作成するにあたっても、原作者の同意を得る必要がある。幸い『ライヤンツリーのうた』の実績があったので、私は虫プロの伊藤叡代表と原作者たかしよいち氏の承諾を得ることができた。

　最大の難問は、製作資金確保の道筋である。アニメーションの製作費は、10分でも最低1000万円は必要とされる。私たちは、『鬼がら』を30分の作品に想定し、総製作費3000万円が必要と考えた。その確保の道筋が見つからないと、企画は夢想に終わってしまう。

　私は、かねてより親交のあった宮崎映画センターの仲間に原作を届け、アニメーション化を相談した。宮崎映画センターは宮崎県をエリアにして映画を配給し、市民の上映鑑賞活動を支援する事業体である。スタッフ数名の小さな事業体だが、長年の活動を通じて県下に豊かな人脈をもっていた。

　宮崎映画センターの仲間たちは私の提案を、宮崎の地から日本中の子どもたちにふさわしい自主制作運動として歓迎してくれた。宮崎市民に呼びかけて、一口1000円の募金で製作を支える「『鬼がら』の会」を立ち上げてくれた。物語の舞台となる椎葉村はさらに積極的で、『鬼がら』製作委員会に参加してくれた。

　これによって製作資金確保への道は明確となり、企画は私の個人的な想いから、さまざまな人々の"夢"が託された企画として、晴れて成立するものとなった。

　宮崎の人々が、私の提案を受け入れてくれた理由にはいくつかの背景がある。

　その第一は、『鬼がら』が宮崎県椎葉村を舞台にした作品であり、いわゆる"ご当地映画"として成立し、何よりも子どもたちに見せたいと思える作品であったこと。とくに、椎葉村は村をあげて『鬼がら』の製作運動を歓迎し、子どもた

ちのためにと、製作資金面でも取材活動の面でも多大な支援を約束してくれた。

第二には、宮崎映画センターと私には、製作募金活動での共同体験があった。1989年にフランス在住の美帆シボさんの呼びかけで始まった「世界の子どもたちに平和のアニメを贈るピースアニメ」の運動に参加した私は、宮崎映画センターの仲間たちを誘った。彼らは「宮崎ピースアニメの会」を立ち上げて、一口1000円の募金活動でピースアニメ『つるにのって』30分の制作活動を支えた。虫プロが制作を請け、私は監督を担当した。

第三は、鬼から人間に還ろうとするテーマが、宮崎市民の「平和の塔」の史実を考える会の活動と重なったことである。宮崎市郊外の県立公園平和台に建つ巨大な石塔「平和の塔」は、1940年に紀元2600年を祝って建設された石塔で、当時、日本が侵略していた朝鮮、中国、台湾などの各地から集めた、あるいは略奪してきた石碑（文化財）などを土台の石として埋め込んでつくられている。高さ16メートルの石塔正面には、「八紘一宇」の文字が刻まれている。「八紘一宇」の文字は、「世界は一つの家」との意味で、戦時中はアジアを征服する大儀のスローガンとなった。それ刻み込んだまま、「平和の塔」と名前を変えただけで建ち続けている。「平和の塔」の史実を考える会は、土台の石の身元調査をすることでかつての戦争の真実を掘り起こし、平和教育の場として「平和の塔」を活用する活動を続けている。

『鬼がら』には戦争についての記述はないが、「鬼から人間へ」という普遍的テーマが読み手のさまざまな思いや行動と結びついて広がっていった。

❷　制作における取材の役割

『鬼がら』の制作で私は、企画のほかに監督とシナリオと絵コンテを担当した。私は、制作活動を取材から始めた。

たかしよいち氏の原作は簡潔に、「むかし、日向は椎葉の村に、与助というわかものがすんでいた。なにせ椎葉は山また山をわけいった小さな村だから……」と綴られている。挿絵は著名な斉藤隆介氏で、巧みな筆使いで人間味くさい鬼

をユーモラスに描いている。しかし、物語の背景となる椎葉村は、まったく描かれていない。読み手の想像にまかせる絵本はそれでよいのだが、アニメーションになるとその地にふさわしい描写が要求される。

　宮崎県東臼杵郡椎葉村は、九州山地のなかで県北西部に位置している。山深い地でありながら、平家の落人の伝説と民謡「ひえつき節」で全国的に高名である。その村の人々が、製作支援までして『鬼がら』に期待をしているのである。原作に「山また山」と記された光景と、そこで暮らす人々の生活を知らなければ、期待に応えることにならない。私は、製作を支援する「鬼がらの会」の小堀氏の車で、椎葉村をはじめて訪問した。

　"百聞は一見にしかず"「山また山」とはよくも言ったり。車は、いくつもの峠を越えて椎葉村に入る。山肌は急峻で渓谷は深く、雨になると両側の山から谷に流れ込んだ水が濁流となって山裾を洗うため、人々は谷や沢沿いで生活することはできず、尾根や山頂に集落を作り、ソバや稗の焼き畑農業で生業を立ててきたという。水田はわずか。小さなかわいらしい田んぼが尾根沿いに階段状に作られて、優しいみどりに輝いている。車は急勾配で狭い道を、あえぐようにして登って行く。耕作地も山の斜面に作られ、ソバを植える焼畑は胸を着くような傾斜地にあり、足を滑らすと谷まで転がり落ちそうな恐怖を覚える。山頂近くの尾根で暮らす農家を訪問して伺ったが、毎朝、雲海から顔を出す朝日を拝む生活だそうだ。自分の畑から向かいの山で暮らす人の姿が見え、手を振ったり叫んだりして挨拶を交わすそうだ。だが、いざ会いに行こうとすると、数キロ下って谷を超えて、さらに数キロ急峻な山道を登って行かねばならず、車がない時代は一日がかりの道行きだったそうだ。南九州にありながら、冬には雪も降る。なぜ、平坦部を避けてこうまできびしい場所に暮らさねばならなかったのか。戦に負け、追っ手を逃れて暮らさねばならなかった平家の落人伝説が胸に落ちた。

　八村杉という巨木があった。原作には、鬼の脱皮は「万年すぎに抱きついて」とあるので、さっそく、写真に撮って作画のモデルとした。椎葉村には子ども神楽があったので、これもお祭りのシーンに活かすことにした。観光用に残された古民家を庄屋の家の参考にし、村に伝わる子守唄をテーマ曲にアレンジし

て使用することにした。

　取材には、スタッフ全員が参加できることが理想だが、経済的制約からそれを望むことは難しい。少なくとも演出家、シナリオライター、作画監督、美術監督などに参加してもらえるようにと、私はいつもプロデューサーに要望している。取材活動は、映像表現に取り組む上で知識や情報を豊かにするという目的以上に、その地に足を運んだことで感じることができる空気感や地形、人々の暮らしを感覚的に知るという効能があり、作り手の創作意欲をかきたてる。そして、取材活動をともにしたことでの連帯感が生まれ、スタッフのチームワークを向上させる。さらには、取材先の人々との交流で、現地には期待感と支援活動が高まり、スタッフにはそれに応えたいとの使命感が沸いてくる。

　実際、私たちの取材がきっかけとなり、椎葉村の小学校では『鬼がら』の読み聞かせをして、子どもたちは鬼の絵を描いて私たちに送り届けてくれるという交流になった。私たちは、その絵を、エンディングタイトルに活かした。

③　シナリオについて

　シナリオは、文章で書かれた作品の基本設計図。ストーリーやシーンの展開、キャラクターのせりふと性格、ト書きによるキャラクターの動きやカメラワークなどを書き込む。アニメーションの場合は、その後にくる絵コンテが、より厳密な設計図としての役割を担うので、私は細部にこだわらず、ストーリー展開とキャラクターの性格分けに重点を置いて書くことにしている。

　『鬼がら』のシナリオで、私は原作にないエピソードを書き加えることにした。原作では、コツコツと炭を焼いて贈る善行を積み重ねることで人間に還ることができるのだが、アニメーションにはその慎ましい行為に加えてのドラマチックな展開が必要だと思い、次のようなエピソードを挿入した。

　　人目を避けて炭を焼いている鬼の与助は、大木の下敷きとなって助けを求める村人の声を聞く。与助は助けに駆けつけたいと思うが、「鬼の姿を人前にさらす

と、永久に人間には戻れなくなる」との赤鬼の忠告を思い出して逡巡し、葛藤する。しかし、人間らしい心に目覚めていた与助は村人を見捨てるに忍びなく、みずからの運命に目をつぶり、ついには飛び出して救出にあたる。

　私は、原作とアニメーションはまったく異なる作品だと思っている。原作者には、「原作の主題や精神を尊重しますが、アニメーションとして成り立たせるために、あらたな創作をつけ加えることがあります。了解して下さい。」と、率直にお願いすることにしている。具体的な提案をもって誠意をもってあたれば、多くの原作者は了解してくれる。たかしよいち氏も、シナリオでのこの提案を快諾してくれた。

④ 絵コンテを描く

　絵コンテは、作品全体を最初に視覚表現した設計図で、スタッフがそれを読めば、作品の全体像も細部も具体的な映像として理解できる。演出家にとっては、演出意図をスタッフに具体的に伝えことができる重要なコミュニケーションツールである。完成した絵コンテをもとにして、すべてのスタッフが作業を分担して進めるため、セルアニメーションにおいての絵コンテは、脚本以上に緻密な完成度が求められる。

　『鬼がら』の絵コンテも、私が担当した。私は動画を描くアニメーターとしてこの世界に入り、その10年後に演出家となった。絵コンテを専門職とする人は少なく、絵を描ける演出家がそれを兼務することが多い。私はいつも、みずから進んで絵コンテを担当することにしている。

　絵コンテはストーリーのすべてを絵で描き起こし、カット分（割）けし、カメラワークを指定し、せりふ、ト書きも書き加えて、カットごとに必要な秒数までを配分する。

　絵コンテを担当する人は、演出、美術監督、作画監督、キャラクターデザイナーなどとコミュニケーションをとりながら作業を進めなければならない。で

4　絵コンテを描く　　135

きれば、同じ職場、同じ部屋で作業し、それぞれが担当する設計図を同時並行的に描き起こしていける環境が理想である。しかし、職種ごとに分業化されて職場（経営）までが異なる現在では、残念ながら演出と絵コンテの担当者のみにその作業が託されることが多い。

それだけに私は、取材段階から美術監督や作画監督の担当者を同行し、取材先で語りあい、共有できた知識やアイディアや構想を力として絵コンテに取り組むことにしている。実際、『鬼がら』では椎葉の山並みや段々畑、庄屋の家、万年杉などをこの目で見て、肌で感じてきたことが大きな力となった。

⑤ キャラクター設計と美術デザイン

動くキャラクターの設計は、作画監督に、あるいはキャラクターデザイン担当のアニメーターに託される。その背景となる美術（背景、大道具、色彩）デザイン（設計）は、美術監督によって各シーンごとにつくられる。演劇の舞台美術と同じだ。美術設計図（ストーリーボード）は、スタッフが色彩も含めて全体のイメージを掌握するための役割を担う。

キャラクターと美術の統一的世界観は、監督、作画監督、キャラクターデザイナー、美術監督、そして絵コンテ担当者などの相互のコミュニケーションで練り上げられる。そのためにも、共同での取材活動は欠かせない。

『鬼がら』の原作の挿絵は、斉藤隆介画伯の達者な筆で軽妙に描かれている。その魅力は棄てがたく、筆で描いたキャラクターを動かしたいと思い、私も何枚かのイメージボードを筆で描いた。しかし、筆先のコントロールが難しいため、大勢のアニメーターが分担して数千枚もの動画を描かねばならない制作システムに不向きで、残念ながら筆で描く試みは断念しなければならなかった。そして『鬼がら』は、いつも見慣れた細い線画のセルアニメーションの世界になってしまった。せめて威厳のある赤鬼だけでも太い線でと無理をいって、作画監督の北崎正浩氏にデザインしていただいた。これが活きて、作品全体のアクセントとなって、子どもたちに人気の赤鬼となった。

6　上映と鑑賞

　1994年の7月にスタートした短編アニメーション『鬼がら』の制作は、同年の12月に終了した。12月12日、宮崎県椎葉村開発センターでの試写会に、村長をはじめ老若男女300人がゴザや座布団を持参して集まった。以下は、その感想文から。

　　よすけさんがぬけがらをきてないているとき、わたしはかわいそうでなみだが出ました。でも、ぬけがらからぬけたとき「うれしそうだな」と思いました。(小1)

　　おにさん、おにさん、なぜないているの。みんなの心は、どうやっても鬼のすがたじゃつかめない。それはとてもくるしくてたえられないんだ。だから、あんなにくろうして、じぶんがどうなってもよいと人をたすけたいんだ。(小学3年生)

　　力強くやさしい赤鬼の表情が、印象的でした。たくましい若者にかえった与助の姿は、山深い椎葉の里の貧しくともあたたかな暮らしを想像させました。子どもたちの描いた鬼の絵を写したラストには、いっそうのあたたかさを覚えました。(大人)

　　美しい自然、椎葉のにおいが表に出た作品。椎葉村も与助のように人間らしさを表に出せるように脱皮したい。(大人)

　子どもたちのみずみずしい感性にはいつも励まされ、教えられることが多い。作品は観客と出会ってはじめて完成するといわれるが、真実そう思う。私は他者の作品も含めて、みずからもプロジェクターを持って上映活動に積極的に取り組んでいる。観客と交流するたびに新しい発見があり、いつでも「だれのために描くのか」という基本に立ち返ることができる。

(有原　誠治)

執筆者紹介（執筆順）

中橋　雄（なかはし　ゆう）（編者、第1章）
武蔵大学社会学部メディア社会学科教授
主要業績：『映像メディアのつくり方——情報発信者のための制作ワークブック』共著、北大路書房 2008 年、「共通教科「情報」におけるメディア教育用デジタル教材の開発」『日本教育工学会論文誌 36（suppl.）』共著、日本教育工学会 2013 年

永田　浩三（ながた　こうぞう）（第2・6章）
武蔵大学社会学部メディア社会学科教授
主要業績：『NHK、鉄の沈黙は誰のために』柏書房 2010 年、『テレビはなぜおかしくなったのか』共著、高文研 2013 年。映画『足尾銅山 光と影』2013 年や、学生及び練馬・文化の会とのドキュメンタリー作品を制作。

松本　恭幸（まつもと　やすゆき）（第3章）
武蔵大学社会学部メディア社会学科教授
主要業績：『市民メディアの挑戦』リベルタ出版 2009 年、『ネット時代のパブリック・アクセス』共著、世界思想社 2011 年

江上　節子（えがみ　せつこ）（第4章）
武蔵大学社会学部メディア社会学科教授
主要業績：『パブリックコミュニケーションの世界』共編著、北樹出版 2011 年、『ワーク・ライフ・バランスと経営』共著、日本生産性本部生産労働情報センター 2012 年

粉川　一郎（こがわ　いちろう）（第5章）
武蔵大学社会学部メディア社会学科教授
主要業績：『パブリックコミュニケーションの世界』共編著、北樹出版 2011 年、『社会を変える NPO 評価——NPO の次のステップづくり』北樹出版 2011 年

今村　直樹（いまむら　なおき）（第7章）
CM ディレクター、東北芸術工科大学映像学科教授
主要業績：ACC 賞、消費者のためになった広告最優秀賞他、受賞多数、『幸福な広告——CM ディレクターから見た広告の未来』羽鳥書店 2012 年

髙島　康太（たかしま　かんた）（第8章）
作・編曲家（たかしまかんた）

主要業績：テレビの歌番組の編曲・指揮を中心に、歌手の公演や、演劇の音楽制作などを手がける。教育分野では、「歌って覚える」教材の音楽制作や、音楽家の視点からメディア教育への提言も行うほか、長年運動会用 BGM の制作にも携わっている。

梶原　治樹（かじわら　はるき）（第 9 章）
（株）扶桑社　販売部担当部長
主要業績：宣伝部、SPA! 編集部、販売部、経営企画部、デジタル事業部等を経て、2011 年より販売部担当部長。NPO 法人「本の学校」理事、日本雑誌協会委員、日本出版学会会員として、出版流通・マーケティング等に関する調査研究・プロジェクトにも携わる。

土井　敏邦（どい　としくに）（第 10 章）
ジャーナリスト
主要業績：『アメリカのユダヤ人』岩波書店 1991 年、『沈黙を破る──元イスラエル軍将兵が語る"占領"』岩波書店 2008 年

有原　誠治（ありはら　せいじ）（第 11 章）
映画監督
主要業績：アニメーション『うしろの正面だあれ』、ドキュメンタリー『原爆症認定集団訴訟の記録　にんげんをかえせ』

事項索引

あ 行
相手意識　15
『阿賀に生きる』　23
『あしがらさん』　23
『あなたは……』　78
アメリカ・マーケティング協会　47
『ある人生　乗船名簿 AR-29』　21
『移住31年目の乗船名簿』　21
『移住10年目の乗船名簿』　21
『移住20年目の乗船名簿』　21
イスラエル・ロビー　125
意味の層化　57
イメージボード　136
インターネット　86
隠蔽　14
打ち込み　99
絵コンテ　132, 135
エリアワンセグ　36
演出家　134
演出コンテ　87
『奥ヒマラヤ・禁断の王国ムスタン』　30
『鬼がら』　130
「鬼がら製作委員会」　131
「『鬼がら』の会」　131
おまえはただの現在にすぎない　29

か 行
学習指導要領　15
ガザ地区　124
『風のガーデン』　79
『鎌倉に立つ像』　77
カロライナの紡績工場　20
川口アーカイブス　29
管理者　66
企画コンテ　87
記号的価値　52
記号の消費　52
記号論　54
既女　69
『奇跡の生還』　25
『北の逃亡者』　130
キャラクターデザイナー　135
共感を生む力　95
競合プレゼンテーション　88
共示義　56
『教室の子供たち』　24
緊急時非難準備区域内　39
『クジラの町に生きる』　32
クライアント　87
クラスタ　71
クリエイター　87
「クローズアップ現代」　76
警戒区域　39
計画的避難区域　39
ケータイ小説　118
言語活動　15
「現実」の認識　3
『現代の映像　チッソ株主総会』　83
言論統制　2
広義的ネットコミュニティ　64
古典的ネットコミュニティ　64
ご当地映画　131
コノテーション　56
コミュニケーション　86
コミュニケーション・スペクトラム　49
コミュニティ　62
コンセプチュアル・ドキュメンタリー　77
コンテンツ　3

さ 行
災害ボランティアセンター　37
在米ユダヤ人　124
作画監督　134
作画プロダクション　129

『ザ・コーヴ』 32
撮影プロダクション 129
サンプラー 98
サンプリング 98
『三里塚・岩山に鉄塔が出来た』 22
『三里塚・五月の空　里のかよい路』 22
『三里塚・第三次強制測量阻止闘争』 22
『三里塚・第二砦の人々』 22
『三里塚・辺田部落』 22
椎葉村 131
時限再販 112
自社メディア 112
実況 71
シナリオ 132
シナリオライター 134
自費出版 109
市民メディア 8
社会基盤（インフラストラクチャー） 3
取材活動 134
取捨選択 13
使用価値 52
商業主義 11
消費社会 93
消費者基本法 49
消費者研究 48
消費者保護法 49
情報操作 12
シンセサイザー 97
信憑性 9
シンプル 87
信頼関係 88
ストーリーボード 136
スポンサー 8
製作資金 131
政治とメディア 16
世界の子どもたちに平和のアニメを贈る
　　ピースアニメ 132
せりふ 135
セルアニメーション 129
『戦争証言プロジェクト』 27

専門分野のプロフェッショナル 90
『遭難フリーター』 25
ソーシャルメディア 37, 60, 86, 116

た　行

ターゲットメディア 117
タイムライン 70
ダグマー（DAGMAR） 49
タレント依存 94
地域SNS 43
中間支援組織 34
著作権 115
沈黙を破る 126
『つるにのって』 132
ディアスポラ 22
デジタル化 94
デジタルサイネージ 36
デノテーション 56
テレビ離れ 94
『天空の一本道』 30
電子書籍元年 109
『ドアにひそむ危険　畑村洋太郎の実験期』 82
動画投稿サイト 2
統合的マーケティング・コミュニケーション 50
『当事者主権』 26
同人誌 108
ト書き 135
『ドキュメンタリー特集　埋もれた報告』 83
ドキュメント20min 77
匿名性電子掲示板 68
取次会社 118

な　行

『ナヌーク』 23
2ちゃんねる 68
『二度童子の館〜ボケ老人ホームの記録』 31
『日本解放戦線・三里塚』 22
『日本解放戦線・三里塚の夏』 22
『日本人イヌイット・極北に生きる』 24
『日本の素顔　奇病のかげに』 82

ネットコミュニティ　59
『ネットワークで作る放射能汚染地図』　81
ノンフィクション　4

　　は　行
背景プロダクション　129
「はじめてのおつかい」　77
パソコン通信　59
ハッシュタグ　71
パブリックアクセス　39
ハンドルネーム　63
東日本大震災　34
『光と影』　80
美術監督　134
美術設計図　136
表現技法　16
表現の自由と規制　16
表現の多様化　118
表示義　56
ビルゼート大学　124
ファンドレイジング　43
フィクション　4
フォーラムコミュニケーション　60
福島原発事故　34
藤沢市市民電子会議　65
『不信の連鎖　水俣病は終わらない』　83
二つの設計図　87
フリーミアム　111
『ブレイン・ダメーぢ』　26
ブロードバンド化　7
『平成ジレンマ』　80
べてるの家　31
放送番組ライブラリー　29
『報道の魂』　28
ボーダーズ　117
『ぼくたちは見た』　84

　　ま　行
マス 4 媒体　7
まだ使える過去　29

ミニブログ　2
宮崎映画センター　131
民主主義社会　11
『ムツばあさんの物語』　79
メディア　2
　──の特性　5
メディアプロデュース　2
メディアリテラシー　2, 34
目的意識　15
モノ作りの世界　91
モラル　16

　　や・ら・わ行
『ヤノマミ』　24, 30
ヨルダン川西岸　124
『喜びは創りだすもの・ターシャ・チューダー
　　四季の庭』　79
『ライヤンツーリーのうた』　130
リーダーシップ　89
流通の多様化　118
臨時災害放送局　35
『ロンドンの労働、ロンドンの貧民たち』　18
『わが街　わが青春』　83

AIDMA　49
AISAS 型　49
AMA　47
DTM　99
IT 社会　93
Kindle　109
M1　97
mixi　65
NIFTY-Serve　61
PPM（プレプロダクションミーティング）　91
Pro tools（プロツールス）　100
Signifiant　56
Signifié　56
Twitter　70, 109
USTREAM　38
Vipper　69

人名索引

あ・か行

相田洋　21
飯田基晴　23
岩淵弘樹　25
牛山純一　24
小川紳介　22
国谷裕子　76
倉本聰　79

さ・た行

斎藤潤一　80
斉藤隆介　132
佐藤真　23
サルガド, S.　18
清水公一　47
たかしよいち　130
土本典昭　82, 83
土井敏邦　84

な・は行

野田正彰　127

ハイン, L.　18
萩元晴彦　29
羽仁進　24
バルト, R.　50
ビアード, R.　18
フィールド, N.　29
フラハティ, R.　23
古居みずえ　84
ボードリヤール, J.　52
本多勝一　121

ま・や行

宮本常一　18
村木良彦　29
メイヒュー, H.　18
山本直純　103
吉澤博　101

叢書　現代の社会学とメディア研究　第6巻
メディアプロデュースの世界

2013年4月1日　初版第1刷発行
2018年9月20日　初版第2刷発行

編著者　中　橋　　　雄
　　　　松　本　恭　幸

発行者　木　村　哲　也

定価はカバーに表示　　印刷　中央印刷／製本　川島製本

発行所　株式会社　北樹出版
〒153-0061　東京都目黒区中目黒1-2-6
電話(03)3715-1525(代表)　FAX(03)5720-1488

© Yu Nakahashi & Yasuyuki Matsumoto　2013, Printed in Japan
ISBN 978-4-7793-0359-3　（落丁・乱丁の場合はお取り替えします）